박원순과 시민혁명

50일간의 희망기록

함께 꾸는 꿈은
현실이 됩니다

2011. 10. 27
박원순

_______________ 님께

50일간의 희망기록

박원순과 시민혁명

유창주 지음

두리미디어
DURIMEDIA

새로운 변화는
시작일 뿐입니다

서울시장에 당선되었습니다. 서울 유권자 여러분, 아니 이번 선거에 관심과 격려를 보내주신 국내외 대한민국 국민 여러분께 다시 한 번 감사드립니다. 저는 백두대간 희망산행 중 깊은 산속에서 서울시장 출마를 결심했고, 마치 운명처럼 현실정치의 벽을 뚫고 야권 단일화 시민후보가 되어 '살림의 정치, 희망의 정치' 서막을 시민 여러분과 함께 올리게 되었습니다.

저는 기록을 중요하게 여깁니다. 메모광이기도 합니다. 외국을 방문할 때면 언제나 책 몇 권 분량의 기록을 남긴답니다. 당선이 확정된 후, 유창주 씨가 책을 낸다는 소식을 듣고 한편으로 놀랐습니다. 선거운동은 하지 않고, 글만 쓴 것은 아니겠지요? 하지만 기록을 남기는 것은 매우 중요한 일입니다. 새로운 변화, 새로운 정치는 이제 시작일 뿐입니다. 유창주 씨가 쓴 희망캠프 50일간의 기록을 통해, 자발적 시

민의 힘이 어떻게 만들어지고 이루어졌는지 함께 느끼는 시간을 가졌으면 좋겠습니다. 지난 50여 일간, 시민과 함께한 시간들이 이 짧은 기록 속에 오롯이 담겨져 있다고 생각합니다. 앞으로 이 책이 뿌리가 되어, 지난 시간 함께한 많은 사람들의 헌신과 사랑이 한층 세세하게 업그레이드되어 기록되기를 기대합니다.

오늘이 있기까지 함께 웃고 울었던 사람들을 떠올리면 가슴이 뭉클해집니다. 저는 협치와 경청의 정치를 통해 서울시를 바꾸겠습니다. 더 나아가 대한민국의 변화를 이끌어내는 희망의 씨앗이 되도록 노력할 것입니다. '함께 꾸는 꿈은 현실이 됩니다' 라는 문구처럼, 저는 '시민의, 시민에 의한, 시민을 위한 정치'를 시민 여러분과 함께 펼쳐나가겠습니다.

Contents

Part 1
박원순, 세상을 향해 외치다

Part 2
"함께 꾸는 꿈은 현실이 됩니다" _박원순이 꿈꿔온 세상

서울시장 보궐선거, 50년 같던 50일 기록

　'새로운 정치'란 무엇일까? 낡은 정치는 소수 기득권을 대표하는 정치이자, 학연이나 지연을 중시하는 정치, 부패한 정치, 질보다 외형적 성장을 중시하는 정치다.

　그렇다면 새로운 정치는 어떤 정치일까? 이 책을 출간하기로 기획하고 글을 쓰면서도 그 생각에 끝내 방점을 찍지 못했다. 미완성이기 때문이다.

　오세훈 전 서울시장의 '무상급식 주민투표'가 빚어낸 10.26 서울시장 보궐선거. 안철수 원장과 박원순 변호사, 두 사람이 일으킨 새로운 바람 속에서 시민들이 기대한 것은 '희망의 정치'였다. 이명박 정권과 오세훈 전 서울시장의 치정治政이 절망스러웠기 때문이다. 절망 끝에 선 사람들은 변화를 바라고 원했다.

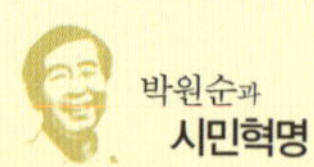

절망 끝에 선 사람들

백두대간 '희망산행' 중인 박변(박원순 변호사와 함께 일해온 많은 시민단체 활동가들은 박원순 변호사를 이렇게 부른다)의 호출을 받아 대관령에 올랐다.

전날 서울에서 윤석인 희망제작소 부소장으로부터 박변의 서울시장 출마 이야기를 들었을 때는 반신반의했다. 가고 싶지 않았다. 10월 26일까지 이어질 고행길이 짐작되었기 때문이다.

몇 번을 갈까 말까 망설이다 윤 부소장과 함께 술을 마셨다. 건강 때문에 줄인 술이 그날따라 맹물같이 넘어갔다. 취했다. 그리고 희미하게 정신이 들었다. 비몽사몽간에 눈을 떠보니 윤 선배의 차에 실려 대관령으로 향하고 있었다. 속이 쓰렸다. 취기 때문만은 아니었다.

그때 나는 소셜 네트워크 서비스^{SNS} 전문 인터넷 언론사에 상근 전문위원으로 출근하기 시작한 지 2주밖에 되지 않았다. 사장에게 전화를 걸어 하루 휴가를 요청했다. 자세한 이유를 설명할 수 없어 건강 탓으로 돌렸다. 대관령으로 가는 길이 왜 그리 멀게 느껴지던지……. 꾸불꾸불 속절없이 이어진 마음의 갈래길 때문이었을까.

대관령 근처 민박집에서 휴식을 취하고 있던 박변을 만났다. 깎지 못한 수염 때문에 털보가 된 박변. 힘든 산행 때문인지 무척 말라 보였다. 아마 체력 때문만은 아니었을 것이다. 곧이어 시민단체 관계자 세 명(하승창 '희망과대안' 상임운영위원, 박진섭 생태지평연구소 부소장, 김민영 전 참여연대 사무처장)이 도착했다.

박변의 출마 의사를 본인의 입을 통해 듣는 순간, 잠시 침묵이 흘렀다. 점심 무렵이라 함께 산행 중이던 분이 손수 끓여준, 굵은 면발이 퍼질 대로 퍼진 냉면을 먹었다. 입으로 들어가는지 머리로 들어가는지도 모르고 먹은 냉면은 소화가 되지 않았다. 복잡한 생각만 머리에 가득 찼다.

그의 입에서 나온 한마디

"출마합니다."

박변의 한마디에 침묵이 흘렀다. 그리고 잠시 후, 어떤 이는 헛기침을 하고 어떤 이는 "예전에 그렇게 출마하라고 할 때는 빼더니만 왜 지금에 와서 출마하느냐?"라고 다시 물었다.

하승창과 박진섭은 일정 때문에 먼저 서울로 떠났다. 나는 덜렁 남아서 한 시간 넘게 박변의 '출마의 변'을 들었다. 목소리가 잘 들리지 않았다. 부담감이 커서일까. 선거캠프에 들어가서 그를 돕는다면 직장을 그만두어야 하는 것도 걱정이 됐지만, 짧고도 길 것 같은 선거 준비 기간을 버텨낼 자신이 없었다.

눈앞에 가족의 얼굴도 어른거리며 나타났다 사라지기를 반복했다. 하지만 박변이 서울시장에 출마할 수밖에 없는 속내를 듣고서는 마음이 뭉클해졌다.

뒤에 자세히 밝히겠지만, 박변이 추진하던 희망제작소 사업은 이명박 정권에 들어서 많이 힘들어졌다. 국정원으로부터 소송을 당하면서

그동안 추진해온 여러 사업들이 중단되었다. 알게 모르게 이명박 정권의 압력이 미쳤기 때문이다.

어디 희망제작소뿐이겠는가?

박변은 말했다. "듣는 정치를 하고 싶다." 그는 왜 그런 말을 했을까? 산에서 자연의 소리를 듣고 있노라니, 마치 산 밖 현실에서 통탄에 빠진 시민들의 아우성이 들려오는 것 같았다고 했다.

이명박 정부가 들어서면서 소통의 정치를 이야기했지만, 소통은 부재했다. 그것은 독단과 오기만 살아 있는 정치였다. 오세훈 전 서울시장도 마찬가지였다. 민심의 소리를 막는 콘크리트 정치, '명박산성' 정치가 계속되었다.

박변이 이야기하는, 경청의 정치가 필요하다는 주장에 이의를 다는 사람은 없을 것이다. 나는 당시 그의 말을 경청하기 어려울 정도로 머릿속이 복잡했지만, '듣는 정치'라는, 귀에 쏙 박힐 만큼 쉬운 말에 그만 넘어가고 말았다.

박변이 오리무중 산속에서 결심한 것처럼, 나도 선배 따라 강남 가듯 선거캠프에서 함께 일하기로 마음을 굳혔다.

10년의 인연, 결국 그를 따르다

나와 박변의 관계는 11년 전인 1999년 참여연대 시절로 거슬러 올라간다. 참여연대 문화사업국장, 아름다운재단 설립 추진 기획실장, 아름다운재단 초대 사무처장, 희망제작소 기획실장으로 근무하기까지

10여 년을 지켜봐왔기에 박원순 변호사에 대해 아주 잘 알고 있다.

아주 잘 안다고 생각하기에 모르는 점이 더 많을 수도 있다.

박변은 선망의 대상이자 두려움의 대상이었다. 일벌레이자 아이디어맨인 박변을 누가 따라가랴. 독서광에다가 철저한 현장주의자이며, 실천 최우선주의자인 박변. 지난 10년간 나는 그에게서 많은 것을 배웠고, 그로 인해 많은 것을 버리기도 했다.

직장생활 하면서 힘들게 마련한 아파트를 팔고 반지하집에서 사글세로 살면서 마음에 상처를 입기도 했다. 몸도 황폐해졌다. 박변 때문만은 아니었다. 결국 '나' 때문이었다. 하지만 지금 와서 그런 게 무슨 의미가 있겠는가.

지금 현재의 박변과 '새로운 정치'가 중요하다는 생각 하나로, 나는 안개 자욱한 정치선거판으로 뛰어들기로 했다. 패기 왕성한 젊은 시절에 선거판에서 정치기획홍보를 담당한 적은 있지만, 온전히 정치에 빠져들기는 어려웠다. 너무 잘 알기에 정치판을 혐오했다.

하지만 서울시장이라는 자리는 조금 다르다고 생각한다. 지방자치와 지역 균형을 도모한다는 점에서 서울시장은 많은 것을 이루어낼 수 있는 자리다. 나는 박변이 그 어떤 자리보다도 서울시장이라는 자리에 설 때, 그에 걸맞게 많은 것을 해낼 수 있다고 믿는다. 희망제작소에서 보여준 그의 아이디어 보따리와 실천력, 현장 경험이라면 서울시정을 누구보다 잘 펼칠 것이라고 생각하기 때문이다.

희망제작소에서 추진해온 일들이 결국 선거캠프의 콘텐츠베이스가

될 것이라는 생각이 들었다. 희망제작소의 중심사업 가운데 하나가 지역사업(뿌리사업)이었기 때문이다. 바로 '협치(協治)'의 정신이다.

나는 박변을 존경하고 좋아하지만, 다시는 일을 같이하지 않을 것이라고 마음속으로 선언한 사람이었다. 하지만 현실은 주저함을 주저시켰다.

출발부터 시작된 난관

대관령을 떠나 서울에 도착하자마자, 지인들에게 박변이 서울시장에 출마한다는 사실을 알리고 도움을 청했다. 사람과 사람 사이의 경험과 지혜가 필요했다. 박변의 출마 결심이 언론을 통해 알려지자, 박변의 여론조사 선호도 결과가 나왔다. 결과는 5퍼센트 지지율이었다.

산 넘어 산이었다. 비록 낮은 지지율이지만, 박변이 살아온 삶과 그가 지향해온 콘텐츠가 알려지면 지지율이 올라갈 것이라고 믿었다. 그러나 당혹스러운 것은 사실이었다.

박변이 현실 세계로 하산했다. 바로 직전 안철수 서울대학교 융합과학기술대학원 원장의 출마설이 흘러나왔다. 과연 안철수 원장은 박변의 출마 결심에도 불구하고, 자신의 출마를 공식 선언할까? 나는 아니라고 내다봤다. 서울시장 후보가 아니라 대권주자로 행보를 옮길 것이라고.

예상은 적중했다. 잘 알다시피 안철수 원장은 박변을 만나, 짧은 한마디로 불출마 의사를 밝혔다. 다음 날 언론은 여론조사에서 그가 박근혜를 오차 범위 내로 따라잡았다는 결과를 발표했다. 안철수 원장은 하루아침에 유력한 차기 대선 주자로 떠올랐다. 박변 지지율도 대폭 상승했다. 안철수 효과를 본 것이다.

선거에서는 중간이 없다. 이기기 위해 수단과 방법을 가리지 않고 나아가야 한다는 말이 아니라, 기회가 왔을 때 그 물결을 잘 타고 나아가야 한다는 뜻이다.

50여 일간 집에 두 번밖에 가지 못했다. 하루가 일 년 같았다. 하루하루가 빨리 갔고, 뒤돌아보면 벌써 먼 옛날이야기가 되어 있었다. 이 책은 그처럼 급박했고 지루했고 기다렸고 망설였고 도전했던 '50년 같던 50일의 기록'이다. 그 50일은 안철수 원장과의 '아름다운 합의(9월 6일)'부터 시장선거일(10월 26일)까지를 말한다.

내 나이 내년이면 50이다. 50을 앞둔 나이에 새롭게 맞은 풍경은 낯설고 신기했다. 그러면서도 기이했다. 정치선거라는 것은 논의보다 순간순간의 판단이 중요했다. 많은 사람이 합류했고, 다시 떠났다.

50일은 짧았지만, 너무 길었다. 정치 초년병 박원순에게도, 전직 사무처장급 시민단체 출신 활동가들에게도 마찬가지였다. 선거 경험이 있는 전문가들도 합류했다. 짧지만 긴 여정이 계속되었다. 캠프 사무실을 꾸리고, 시대가 요구하는 야권 단일화 과정을 어렵게 뚫고 나왔다.

그 과정에서 보여준 자원봉사자들과 시민단체 활동가들의 활약상을 기록하기에는 책 한 권으로도 모자란다. 그들이 없이 박원순 변호사가 과연 서울시장에 당선될 수 있었을까? 새로운 정치를 바라는 시민들

의 자발적인 참여 없이 그것이 가능했을까?

불가능했을 것이다. 아무리 박변이 훌륭한 자질을 갖추고 있다고 해도 현실의 벽을 넘지 못했을 것이다. '새로운 정치'의 가능성이란, 바로 기존의 정당정치가 보여주지 못한 시민들의 자발성과 헌신성이 발현되는 것에서 확인할 수 있다. 그것은 정치전문가의 정치공학적인 전략에 의해서가 아니라, 자율적이고 협업적 방식으로 이루어진다.

눈을 감고 지난 50일을 되돌아본다. 그 50일간 무슨 일이 있었던 것일까?

선거캠프를 만들고 사람을 만나다

야권 단일화 후보가 된다는 게 말이 쉽지, 얼마나 어려운 일인가.

민주당 박영선 서울시장 후보와 치른 경선과정은, 힘겨웠지만 한 편의 드라마 같았다. 선거는 휴전 없이 승자와 패자만 남는 전쟁이다. 이겨야 하는 게임이다. 민주당과의 경선룰을 둘러싼 팽팽한 신경전. 그 협상에서 룰을 어떻게 만드느냐에 따라 판세가 바뀔 수 있었다.

하지만 봉하마을을 찾은 박변은 기자회견을 통해 민주당이 요구하는 경선룰을 다 받아들이겠다고 선언했다. '박원순식 운명'을 선택한 것이다. 나는 뜻밖의 소식을 전해 듣고 그에게 전화를 걸었다. 박변은, 고인이 된 노무현 전 대통령처럼 '운명'이라는 말을 전했다. 항의한들 무슨 의미가 있으리……. 그랬다. 박원순의 정치 운명은 이제 한 치 앞을 내다볼 수 없게 되었다.

무소속후보가, 아니 시민후보가 과연 민주당을 상대로 이길 수 있을까? 모든 것을 내어주고 전통 야당의 벽을 넘어설 수 있을까? 기성 정당의 정치판을 깨는 새로운 정치를 바라는 많은 시민의 열망을 생각하니 이길 수 있다는 확신이 들었다. 그래도 불안했다. 백두대간에서부터 함께한 시민활동가들은 민주당의 벽을 깨기 위해 최선을 다했다.

경선 당일, 투표 마감 전까지 전화를 돌리면서 참여를 독려했다. 장충체육관에 마련된 국민참여경선 투표장의 분위기는 오전까지만 해도 좋지 않았다. 이길 수 있을까? 오후 두 시가 지나자 젊은 층의 참여가 늘어나기 시작했다. 분위기는 순식간에 반전되었다. 트위터에서도 투표를 독려하는 글들이 요동쳤다. 투표 마감이 임박해질수록 많은 시민이 찾아왔다. 뛰어오는 유권자들의 모습을 보면서, 승리한다는 확신이 들기 시작했다.

감동 그 자체였다. 눈물이 글썽거릴 정도였다. 민주당 관계자들의 표정은 굳어 있었다. 새로운 정치, 시민선거혁명의 순간을 목도했기 때문이다. 경선 결과가 공개되었다. 박변의 승리였다. 모두가 환호했고, 서로가 서로를 안았다. 반세기 한국 정치사에서 볼 수 없던 진풍경이 펼쳐졌다.

거대한 음해, 네거티브의 늪에 빠지다

또 한 차례 고비를 넘겼다. 박변은 선대위를 구성하면서도 민주당에게 전권을 주었다. 공정하지 못한 선대위 구성에 민노당이 반발했고,

야권 연대는 흔들렸다. 하지만 운명처럼 캠프는 꾸려졌고, 한나라당 나경원 서울시장 후보와의 격전이 시작되었다.

한나라당과 나경원 캠프는 박변에 대한 음해와 마타도어(흑색선전), 즉 네거티브 공세를 계속했다. 조중동 보수언론과 인터넷 보수신문도 한몫 거들었다. 집요하게 이어지는 대규모 공세였다. 마치 박변이 비리백화점 점장이나 된 듯한 착각마저 불러일으켰다.

박변이 내세운 민주당 중심의 '희망캠프'에서 수립한 포지티브 선거 전략은 먹혀들지 않았다. 텔레비전 토론회에서도 나경원 후보에게 밀렸다. 시간이 가면 갈수록 모든 것이 불리하게 돌아갔다.

선거에서 포지티브란 있을 수 없다. 마타도어와 명확한 선을 그으면서, 상대방에 대한 검증이 이루어져야 한다. 시민참여본부가 꾸려지면서 전략을 수정하기 시작했다. 이번 선거는 박원순과 나경원의 대결이 아니었다. 이명박 정권과 한나라당에 대한 심판이었다.

시민참여운동본부를 중심으로 10월 22일 대규모 유세 프로그램인 '희망대합창'이 진행되면서 분위기는 반전되기 시작했다. 1만 여명이 넘는 인원이 닫힌 광화문 광장을 다시 열었다. 자발적으로 참여한 시민들이 많았다. 유모차를 끌고 오신 분들이 눈에 많이 띄었다. 10월 22일 광화문 광장을 채운 그 열기를 어떻게 잊을 수 있겠는가. 박변은 유세를 통해 시민후보다운 면모를 유감없이 보여주었다.

시민과 함께 반격에 나서다

나경원에 대한 네티즌 검증이 시작되었다. 박원순의 희망캠프가 아닌 트위터 공간에서 나경원에 대한 문제점들이 본격적으로 제기되고, 환기되었다. 인터넷의 위력이 발휘되기 시작했다.

투표 참여 프로젝트 '희망ON'도 가동되었다. 한국에서 트위터 사용자는 400만 명을 넘어섰다. 서울 가입자만 200만 명으로 추산될 정도다. 그렇다면 이들을 선거장에 끌어들이기 위한 전략과 프로그램이 필요했다.

선거 일주일 전부터 투표 참여자들을 대상으로 인증 샷 프로그램을 미리 가동시켰다. 투표 당일 대규모의 투표 인증 샷이 공개된다면, 판세는 달라질 것이기 때문이다.

보궐선거에서 50퍼센트 가까운 투표율이 나온다면, 승리가 확정적일 수밖에 없다. 여권과 보수언론은 10월 20일 전에 여론조사 결과를 발표했다. 2010년에 치러진 6.2 지방선거에서 서울시장 여론조사를 발표할 때도 마찬가지였다. 한나라당과 보수언론은 당시 한명숙 서울시장 후보가 오세훈 후보에게 15퍼센트에서 20퍼센트 격차로 지고 있다는 여론조사를 대대적으로 내보냈다. 그들은 똑같은 수법을 이번 서울시장 보궐선거에도 써먹었다.

10월 24일에 안철수 원장은 박원순 서울시장 야권 단일화 후보 캠프를 방문해 박 후보에게 서신을 전달했다. 자발적 지지 선언을 담은 편지였다. 이미 서울시장 후보를 방문한다는 것 자체가 지지의사를 밝힌

것이나 마찬가지였지만, 그 반향은 매우 컸다. 한나라당 나경원 서울
시장 후보는 쩨쩨하고 치졸한 선거라며 비아냥거렸지만, 1퍼센트 소
수특권층을 위한 정치, 서민에게 쩨쩨한 정치, 고가의 피부미용과 주
유비를 쓰고도 뻔뻔한 나 후보 쪽이 치졸함을 논할 자격이 있을까. 치
졸한 흑색정치를 부활시킨 측이 누구인지 다 아는 상황에서 참으로 적
반하장 격이었다.

결국 시민들은 주인의 길을 선택했다

"선거 참여야말로 시민이 주인이 되는 길이며, 원칙이 편법과 특권을
이기는 길이며, 상식이 비상식을 이기는 길이라고 생각합니다. 저 역시 천
만 시민의 한 사람으로서 당당히 제 한 표의 권리를 행사하기 위해 이른
아침 투표장에 나갈 것입니다. 여러분도 저와 함께해주시기를 간곡하게
청합니다." _ 안철수 원장의 편지 중에서

24, 25, 26일에 이어 펼쳐진 투표 독려 캠페인은 새로운 정치의 가능
성을 보여주었다.

그리고 결국 박변은 시민의 힘으로 서울시장에 당선되었다.

21세기 새로운 뉴미디어 선거혁명을 가능하게 한 것은 시민들의 자
발적 참여였다. 총칼을 들지 않은 무혈 뉴미디어 시민혁명의 시대가
열렸다. 선거 기간에 리비아의 독재자 카다피가 한 시민군이 쏜 총알
에 숨졌다.

우리나라에서도 이름을 하나하나 열거할 수 없을 정도로 많은 시민이 박원순 희망캠프에서 열정적으로 일했다. 힘든 과정에서 상처를 받기도 했고 절망을 느끼기도 했다. 그러나 이 모든 것이 희망을 위한 초석이 됐다.

지금 다시, 선거라는 전쟁으로 얼굴이 반쪽이 된 정치 초년병 박변이 떠오른다.

그는 어떤 목적을 가지고 외국에 방문할 때, 책을 낼 계획이 없더라도 기록을 남긴다. 외국의 현장에서 보고 듣고 느낀 것을 날마다 기록해 두었다가 입국하는 비행기 안에서 바로 책을 펴내는 것이 가능하도록 내용을 정리한다.

이 책은 그의 부지런함과 기록 정신을 훔쳐 만든 것이라는 사실을 고백한다. 그의 작업에 비하면, 부족하고 아쉬움이 남는다.

그리고 이 책은 10.26 서울시장 보궐선거 50일의 기록이자, 새로운 선거문화와 변화의 정치를 염원하는 시민들의 열망을 담은 기록이다. 또한 아직 미완으로 남은 시대의 요구를 완성하는 데 도움을 주는 기록이 된다면 좋겠다.

이제, 그 희망의 기록을 시작한다. 다시 '희망의 백서'를 만들 것이다. 경험과 지혜의 공유를 통해 시민과 함께 '새로운 정치'를 열어나갔으면…….

유창주

사람들은 말합니다.
"그가 가면 길이 된다."

그는 대답합니다.
"함께 가야 길이 됩니다."

LIFE IS YOUR
WHAT YOU LOVE
DO IT OFTEN.
DON'T LIKE SOMETHING CHANGE
DON'T LIKE YOUR JOB QUIT
YOUR PASSION.

Part 1

박원순,
세상을 향해 외치다

백두대간 산속에 있으니 모든 소리가 다 들리더라

백두대간을 걸으면서 '듣는 것'에 대해 많은 고민을 했다. 자연의 소리, 숲 속의 소리, 산의 소리, 사람의 소리, 역사의 소리, 시대의 소리를 듣는 것에 대해 계속 생각했다. 기존의 정치질서를 우리가 바꿔야 될 시대가 정말로 왔다. 지금 우리 국민들은 마음 줄 어느 누구도, 몸을 기댈 어느 곳도 없는 처참한 상황이다. 이를 외면하면 난 역사 앞에 죄인이 되고 말 것이다.

백두대간을 걸으며
세상의 소리를 '듣다'

"인생은 늘 새로워야 하는데, 나는 진실로 잘 살고 있는 것일까 자문하는 일이 잦아졌습니다. 한 번뿐인 인생이니 가끔은 멈추어서서 지나온 길을 돌아보며 스스로를 비춰보고 앞도 살펴봐야 하는데 그럴 여유가 없었습니다. 빼곡한 일정 속에서 아침 해가 언제 떠오르는지, 언제 해가 지는지조차 알 수 없었습니다. 그래서 저는 갑니다. 산으로 갑니다."

2011년 6월 22일 희망제작소 홈페이지에 〈'원순 씨와 함께하는 백두대간 종주' 대원 모집〉이라는 글이 올라왔다. 그리고 7월 19일 박원순 단장과 석락희 대장, 공모를 통해 선발된 박우형 부대장, 대학생 김홍석, 홍명근 씨 5인의 종주단은 두 달여 간의 여정을 계획하고 백두대간으로 향했다. 일명 '다섯 손가락'이었다.

그는 왜 백두대간으로 떠났을까.

백두대간에서 만난 눈물

떠나기 전과 종주 중에 그가 한 말을 듣건대, 그는 백두대간에서 새로운 삶과 일과 미래를 구상하려 했다. 그중 하나가, 그의 표현대로 하면 '시민경제', '시민자본'이라는 화두였다. 또 '자연'이라는 것에 대한 화두를 던지고 싶은 마음도 있다고 했다. 한편으로는 마음이 매우 고단하고 복잡하여 백두대간 종주에 오른 듯했다.

솔직히 처음에는 그가 백두대간에 간다는 소식을 듣고, 지금 같은 시기에 거기에는 왜 가나 싶은 생각도 들었다. 백두대간에 한 번 다녀오고 나면 한 달 정도는 쉬어야 할 만큼 육체적으로도 힘들다는데……. 아마도 희망제작소와 시국 문제에 대한 고민이 그를 산으로 이끌었던 것 같다.

박원순은 백두대간 길에서 오세훈 전 서울시장의 사퇴 소식을 듣고 출마를 고민하기 시작했다고 한다. 누가 조언하기에 앞서 스스로의 감각으로 선택한 일이었다.

그는 그동안 '혁신과통합' 등 노무현을 계승하는 이들이 결집해서 새로운 정치를 도모하는 모임, 민주당을 중심축으로 하는 야권

백두대간 옥돌봉에서 '다섯 손가락' 단체사진

단일화 모임, 2012년 총선과 대선을 대비해 만들어진 시민사회 모임, 하승창, 윤석인, 오성규, 박진섭, 그리고 나와 같은 시민사회 영역의 인물들, '내가 꿈꾸는 나라' 등 새로운 정치조직을 중심으로 시국 관련 논의를 계속해왔다. 그는 이러한 논의를 바탕으로 스스로 서울시장 선거에 출마하겠다는 판단을 내린 것이다.

그가 출마하기로 결단을 내린 뒤, 앞서 이야기한 것처럼 나는 전화를 받고 박원순 변호사를 만나러 백두대간을 찾았다. 그와 대관령 산장에서 이야기를 나누던 중 하승창 씨는 일이 있어 먼저 갔고, 윤석인 전 부소장은 전화 통화를 계속하느라 바빴다. 이때 한 시간 반가량 나는 박원순 변호사와 독대할 기회를 가질 수 있었다.

박원순 변호사는 먼저 국정원 소송에 관한 이야기부터 시작했다. 그동안 많이 힘들었고, 부인이 하던 인테리어 사업도 사실 2년간

거의 수입이 사라진 상태라고 했다. 현대모비스 관련 사업도 부인의 지인 소개로 시작하게 된 것인데, 이미 내부 감사도 받았지만 문제가 없었다고 했다. 희망제작소도 꾸려가기가 힘들다고 했다. 국정원 사건 후 회원 수는 늘어났지만 새로운 사업을 벌일 수가 없었다고 했다.

"백두대간 산속에 있으니 모든 소리가 다 들리더라."

박원순 변호사의 말 가운데 무엇보다도 이 말이 가장 가슴에 남았다. 그는 발 소리, 풀 소리, 바람 소리, 새 소리, 작은 벌레 소리를 들으며 '경청'에 대해 다시 생각하였다고 했다. 백두대간을 종주하면서 '듣다'라는 화두를 얻게 되었다는 이야기였다. 산속에서 비가 쏟아지는 소리를 들으며 서울의 수해 현장을 떠올렸고, 그 소리가 하나의 울부짖음이나 울음소리 같더라고 말했다.

왜 서울시장 출마를 결심했는가

9월 2일 당시에 백두대간 종주 길에 있던 박원순 변호사를 만나 면담한 내용을 좀 더 자세히 소개하려 한다. 이날 그와 독대한 내용을 요약하자면, "기존의 정치질서를 우리가 바꿔야 할 시대가 정말로 왔다. ……시민이 시장인 서울, '경청'에서부터 시작하겠다."라는 것이었다.

이때의 대화 내용은 아직까지 언론에 보도된 바가 없다. 이 대화를 보면 박원순 변호사가 서울시장 보궐선거 출마를 결단하게 된 직접적인 이유를 어느 자료에서보다 구체적으로 알 수 있으므로, 그가 직접 언급한 내용을 그대로 옮겨본다.

"지금 우리 국민들은 마음을 줄 어느 누구도, 몸을 기댈 어느 곳도 없는 처참한 상황이다. 이를 외면하면 난 역사 앞에 죄인이 되고 말 것이다."

내가 겪은 국정원 관련 사건은 내 개인의 문제만이 아니라 우리 사회의 실태를 여실히 보여주는 사례였다. 우리 사회 리더들은 철학이나 미래 비전이 부족하고, 아직도 구태에 젖어 당쟁이나 일삼고 있다. 세상은 저만큼 앞서 가는데, 때로 중학생이나 고등학생만도 못한 우리 사회 리더들의 수준을 보기도 한다.

특히 이명박 정부에 들어서 19세기, 20세기에나 있을 법한 토목 중심의 경제관념을 보았고, 여야 또는 좌우 갈등이 심해지면서 그야말로 우리 국민들이 마음을 줄 어느 누구도, 몸을 기댈 어느 곳도 없는 처참한 상황을 겪는 것을 보았다. 이런 것을 그대로 두고 볼 수 없었다.

김대중 정부나 노무현 정부 시절에도 많은 요청이 있었지만, 마지막까지 재야에 남아서 내가 하고 싶은 일들을 하기 위해 매번 거절해왔다. 그동안 빗발치는 요구에도 귀를 닫고 있었고, 심지어 이를 피해 영국으로 도망가기까지 했다. 그런데 지금 이러한 요구들을 거절하면 나는 역사 앞에 죄인이 될 것이다. 또 결국 내가 바라던 것은 좋은 세상

을 만드는 일인데, 그런 세상을 나 스스로 방기하는 것밖에 되지 않는다.

"백두대간을 걸으며 자연의 소리, 사람의 소리, 시대의 소리를 고민했다."

이번 50일 동안의 백두대간 종주는 '듣는 것'이 하나의 화두가 된 여정이었다.

법주사가 있는 속리산 구간을 종일 걸었는데, 비가 아침부터 산을 내려올 때까지 계속 내렸다. 그러다가 어느 순간에 그 비가 울부짖음으로 느껴지기 시작했다. 그리고 빗소리가 살아 있는 모든 것이 내는 울음소리로 들리기 시작했다. 4대강 사업으로 자기들의 생명과 안식처를 잃어버린 슬픔에서 나오는 그런 울음소리였다.

"기존의 정치질서를 우리가 바꿔야 될 시대가 정말로 왔다."

이미 때가 늦어도 한참 늦었다. 국민들의 소망은, 또 세상은 이만큼 앞서 있는데 지금 이 사회를 이끌어가는 정치리더들의 생각은 19세기나 20세기에 머물러 있다. 그중에서도 인구 1천만 명이 넘는 어마어마한 수도 서울의 지방정부는 정치놀음이라고 할까, 잘못된 관행 속에

사로잡혀 있다.

무상급식 문제는 단순한 문제가 아닌가. 서울시장이, 아니 서울시 재정이 허용하는 한 하면 되는 거고, 허용되지 않는다면 그 재정을 마련하면서 노력하면 되는 것인데, 여기에 왜 정치적인 함의가 필요한지 모르겠다. 여야를 막론하고 이런 상황이 계속되는 것은 결코 옳지 않다. 이러한 문제의식에서 볼 때, 서울의 시정이 결코 정치의 포로가 되어서는 안 된다.

서울시민들의 삶의 질을 높이고 좀 더 안전하고 행복하게 만들기 위해 할 수 있는 일이 너무나 많다. 그런데 그런 것들을 제대로 건드리지 않고 방치하는 상황이다.

인권변호사, 참여연대, 아름다운재단, 아름다운가게, 희망제작소를 통해서 그동안 내가 해온 일들은 사실 정부가 하는 공공의 영역과 다르지 않았다. 정의가 바로 서고 부패가 없고 나눔과 기부가 약동하는 사회, 또 좀 더 합리적인 정책이 만들어지고 창조적으로 실현되는 사회, 이런 사회를 만드는 것이 바로 내가 해온 일이었다. 내 블로그와 희망제작소, 아름다운재단, 아름다운가게 사이트를 들어가 보라. 들어가 보지 않은 사람도 한 번 들어가 보면 판단할 수 있을 것이다. 서울시장의 역할이란 별도의 준비를 해야 되는 것이 아니라, 바로 이런 일들의 연장선에 있다고 생각한다.

"시민이 시장인 서울, '경청'에서부터 시작하자."

내가 꿈꾸고 실천해온 그 수많은 일들의 연장선에서, 앞으로 더 많은 전문가들과 협력하고 시민들의 말을 경청하는 데서부터 시작하면 되지 않을까 생각한다. 서울시민들에게 당신들이 바라는 좋은 세상, 정의로운 세상, 좋은 정부, 살아볼 만한 세상을 만들기 위해서 필요한 일들을 함께해보자는 제안을 하고 싶다.

첫째로 시민이 주인이 되는 서울을 만들어보자. 내가 하겠다는 게 아니라 모두 함께 만들어가는 것이 중요하다. 요즘처럼 소셜 미디어가 발전해가는 세상에, 모든 일에서 시민들의 의견을 듣지 않을 이유가 없다. 서울시 홈페이지를 전면적으로 개편해서 시민들이 자신의 의견을 어느 곳에서든 어느 시간에나 들어와서 이야기할 수 있고, 바로 공무원들이 답할 수 있도록 만들겠다. 중요한 이슈가 있으면 전자투표라는 시스템을 활용하겠다. 사이트를 제대로 만들어놓으면 보안성도 완벽할 수 있다고 생각한다.

둘째로 시민 옴부즈맨 제도라든지 각종 제도를 통해 시민과 함께 호흡하고, 시민들이 정보를 요청하면 서울시가 특별한 문제가 없는 한 공개하도록 해야 한다. 듣는 정부, 경청하는 정부로 가야 한다. 함께하는 정부로 가야 한다. 모든 사람의 의견을 반영할 수는 없을지라도 늘 듣고 문제를 제기하고 함께 논의할 수 있는 타운홀 미팅 같은 구조를 만들어가겠다. 자원을 공정하게 배분하고 이견을 조정함으로써 정말 정부가 해야 될 일을 실시해야 한다. 그래야 흐트러짐 없이 안정되게

할 수 있다.

세 번째로 삶의 질을 높이려는 사람들이 경제적 여유를 즐길 수 있도록 문화 수준도 달라져야 한다. 정말 누구나 자기가 인생에서 원하는 바를 추구하기에 부족함이 없도록 여건을 만들어주는 일들을 해야 한다. 또 하나 우리나라가 대기업 중심의 사회에서 소기업이 들꽃처럼 피어나는 사회, 서울시민 누구나 자신의 소기업을 운영할 수 있는 그런 사회가 되었으면 좋겠다. 창조적 사회는 문화예술과도 직결되는데, 정치, 경제, 사회, 문화를 나열만 한다고 되는 것이 아니다. 기존과 다르게 구색을 맞추는 차원이 아니라, 지금과는 다른 차원의 세상을 만들어가자.

무엇이 박원순을 백두대간에 오르게 했을까. 박원순을 백두대간으로 떠나게 한, '국정원 소송' 사건을 이제 돌아보려 한다. 그 사건이야말로 박원순의 출마 '결단'이 왜 나왔는지를 설명해주기 때문이다.

명예훼손은 국

대한민국이 준 눈물,
국정원 사건의 전말

"원고 대한민국(법률상 대표자 : 법무부 장관 김경한), 피고 박원순."

2009년 9월 17일. 이날은 대한민국 건국 이래 최초로 국가가 개인을 상대로 소송을 건 역사적인 날이었다. 국가정보원이 원고 '대한민국'의 이름으로 희망제작소 상임이사인 '박원순' 변호사에게 2억 원의 명예훼손 소송을 제기했다.

"국가가 국민을 상대로 명예훼손을 이유로 손해배상 소송을 제기한 것은 우리나라에서 처음이고 세계적으로도 선례가 없을 것입니다."

박원순 희망제작소 상임이사는 서울 평창동 희망제작소 본사에서 긴급 기자회견을 열었다. 사상 초유의 소송 사건이었다. 왜 국정원은 이처럼 역사에 남을 사건을 벌인 것일까?

국가가 개인을 상대로 건 최초의 소송

전대미문의 이 명예훼손 소송은 그보다 석 달여 전인 같은 해 6월 23일자 《위클리경향》에 실린 〈이종탁이 만난 사람〉이라는 인터뷰 기사에서 촉발되었다. 소장에도 청구 원인으로 "피고 박원순은 충분한 확인절차를 거치지 않은 채 《위클리경향》 출판국 기획위원 이종탁과 인터뷰를 하면서……"라고 명시되어 있다.

그 인터뷰는 6월 10일 오전 희망제작소 사무실에서 이루어졌다. 박원순 상임이사가 이명박 정부의 국정 쇄신을 요구하는 성명을 발표한 직후였다. 인터뷰는 한동안 현실정치에는 목소리를 내지 않고 순수한 시민단체 활동에 매진하던 박 이사가 시국선언을 하게 된 이유를 묻는 것에서 시작되었다.

박 이사는 이날 이명박 정부의 권위적이고 편향적인 모습에 대해 비판하면서, 중간 전달 기관으로서 풀뿌리 시민단체의 역할이 중요함에도 현 정부는 시민단체를 무시하거나 민간에 대해 노골적으로 개입하고 있다고 말했다. 사건의 실마리가 된 내용을 살펴보자.

한동안 현실정치에는 목소리를 내지 않았는데, 이번에 시국선언을 한 이

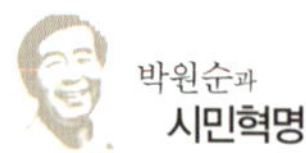

유는 무엇입니까?

아름다운재단을 만들면서부터 중앙정부나 정치권력을 비판하는 일에는 일부러 거리를 두려고 한 게 사실입니다. 시민사회도 이젠 긍정적인 모델을 만들어갈 필요가 있다는 생각 때문이었습니다. 21세기는 다양성과 창의성의 시대로, 생태가치가 존중되고 시민사회와의 거버넌스 협력체제가 구축되는 그런 사회가 될 것으로 생각했습니다. 그런데 이명박 정부가 들어서면서 이런 기대가 하나하나 어긋나더니 요즘에는 모든 것이 다 무너지는 듯한 느낌이 듭니다. 10~20년간 쌓아온 민주적 가치가 일거에 허물어지는 거예요. 책임 있는 사람으로서 결코 가만히 보고만 있을 수 없는 상황입니다.

무엇이 문제이며, 어떻게 해야 한다고 보십니까?

현 위기는 이명박 정부가 자초한 것입니다. 권위적이며 편향적이며 갈등을 유발하는 정권의 행태 때문이지요. 따라서 매듭을 지은 자가 푸는 수밖에 없습니다. 통 크게 결단하고 폭넓게 수용해야 합니다.

시국선언에 참가한 것 외에도, 그는 개인적으로 '시무구책時務九策'이라는 제목 아래 열거한 아홉 가지 변화를 이 대통령에 촉구한 바 있다. 편협한 인사 정책 폐기, 좌우 갈등 조장 정책 폐기, 검찰과 국정원·감사원의 중립성 및 독립성 보장, 시민사회 고사 정책 폐기, 토목공화국 발상 폐기 같은 것들이다.

이 대통령이 수용할 조짐이 좀처럼 안 보이는데요.

이대로 가다간 파국으로 치달을 가능성도 있습니다. 경찰의 힘으로 언제까지 억누를 수 있겠습니까. 당분간은 가능하겠지만 계속될 수는 없습니다. 5, 6공 때도 못 막았잖아요. 내년에 지방선거를 치르고 하반기쯤 가면 정권이 레임덕에 빠질 수도 있어요.

청와대에 충고해줘야겠다는 생각은 안 하십니까?

개인적으로야 정정길 대통령 실장을 비롯해 청와대 비서관 대부분을 압니다. 하지만 그게 무슨 소용 있나요? 이 정권이 출범했을 때 저는 실용정부로서 성공할 수 있겠다고 생각했어요. 정권을 넘겨준 진보 쪽도 이런 기회에 성찰하는 시간을 가지면 정치적으로 선순환할 수 있겠다 생각했지요. 그런데 그게 아니었습니다. 이 대통령이 배제의 정치를 하면서 모든 것이 막히고 끊겨버렸습니다.

사회가 잘되려면 공무원만으로는 안 되고 중간 전달 기관이 있어야 해요. 풀뿌리 시민단체가 그 역할을 맡아야 합니다. 그런데 이 정부에선 시민단체를 깡그리 무시합니다. 총체적 단절이에요. 저는 이 정부에 배제의 정치를 총체적으로 지휘하는 사령부가 있다고 봅니다. 아마도 청와대나 국정원이겠지요. 이렇게 민간사찰이 복원되고 정치가 민간에 개입하는 것이 노골화되면, 다음 정권 때 이 정권의 국정원장이 구속되지 않으리란 법이 없지요. 이런 상황은 방지되어야 하고, 그러기 위해서는 지금 정부가 변해야 합니다.

그게 무슨 말입니까. 근거가 있습니까? 그 말씀이 기사화되면 곤란해지지 않겠습니까?

이 말로 주목받는다면, 저로서는 오히려 바라는 바입니다. 지금 이 정권에서는 시민단체는 물론 단체와 관계 맺는 기업의 임원들까지 전부 조사해 개별적으로 연락해대는 통에 많은 단체가 재정적으로 힘겨운 상태입니다. 총체적으로 지휘하는 곳이 없으면 일어날 수 없는 일이 여러 곳에서 발견됩니다. 명백한 민간사찰이자 국정원법 위반이에요. 우리 희망제작소만 해도 지역홍보센터를 만드는 사업을 3년에 걸쳐 진행하기로 행정안전부와 계약했어요. 그런데 1년 만에 해약 통보를 받았습니다. 하나은행과는 마이크로크레딧(소액 신용대출) 같은 소기업 후원사업을 같이 하기로 합의하고 기자회견까지 했어요. 그런데 어느 날 무산됐습니다. 나중에 알고 보니 국정원에서 개입했다고 합니다. 현 정권에서 인사하는 것을 보세요. 참여정부 때 임명된 사람이라면 모조리 내몰고 있잖아요. 한국예술종합학교 황지우 총장을 쫓아낸 것도 그렇고, 야만적이고 잔인한 일들이 도처에서 벌어지고 있습니다. (《위클리경향》 830호, 〈이종탁이 만난 사람-"이명박 정권, 내년 하반기엔 레임덕 올 것"〉 인터뷰 기사 중)

박원순 상임이사는 이날 '배제의 정치를 총체적으로 지휘하는 사령부'가 있다며 국정원의 개입 문제를 제기했다. 시민단체와 관계를 맺는 기업의 임원들까지 조사하여 개별적으로 연락하는 바람에 많은 단체가 재정적으로 힘겨운 상태라는 것이었다.

국정원이 소장에서 지적한 내용은, 희망제작소가 행정안전부와 계약하여 3년에 걸쳐 지역홍보센터를 만들기로 한 사업이 1년 만에 해약 통보를 받은 일이나 마이크로크레딧 같은 소기업 후원사업을 같이 하기로 하나은행과 합의한 것이 무산된 일의 배후에 국정원이 개입되어 있다는 인터뷰 발언이었다.

시민들과 네티즌들이 이 기사를 두고 논쟁하기 시작한 것은, 기사가 인터넷에 공개된 6월 18일 오후 2시쯤이었다. 특히 인터넷 언론인 《프레시안》이 이날 오후 4시경에 기사를 받아쓰면서 파장은 일파만파 번져갔다.

"박원순 희망제작소 상임이사(변호사)가 이명박 정부에서 국정원을 통한 민간사찰을 하고 있다고 폭로해 파문이 예상된다." 《프레시안》 기사의 리드문이었다. 그 즉시 각 정당에서도 논평이 나오기 시작했다.

"이제는 정권 차원에서 국민도 시민단체도 정치권도 모두 낱낱이 감시하고 입을 틀어막겠다는 것으로, 이것이야말로 독재가 아니고 무엇인가?" 당시 민주당 김유정 대변인의 브리핑 내용이었다.

민주노동당 우위영 대변인은 "박원순 희망제작소 상임이사가 이명박 정권이 국정원을 통해 민간사찰을 하고 있다고 폭로했다."라고 하면서, "정권의 공안기구를 자임하고 초법적인 권한을 휘두르며 시민단체를 고사시켜 정권의 안위를 위해 몸 바치고 있는 국정

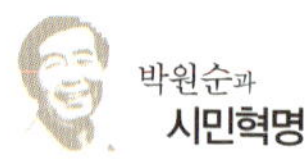

원은 지금 즉시 불법사찰을 중단할 것을 촉구한다."라고 주장했다.
진보신당 김종철 대변인은 "국정원이 박원순 이사의 폭로에 대해
명확히 해명하지 못하면 그 스스로 민간사찰을 인정하는 것"이라
고 강조했다.

험난한 싸움의 서막이 열렸다.

국정원에 정면 승부를 걸다

의외로 국정원의 반응은 담담했다. 국정원 관계자는 "확인해봤으
나 그런 내용은 없다."라고 하면서 "국정원에서 민간인을 사찰하
고, 민간단체의 활동에 대해 협박을 가한다는 주장은 사실무근"이
라고 밝혔다.

하지만 여러 매체에서 이를 크게 보도하면서 사태가 일파만파 커
지자, 국정원은 바뀐 공식 입장을 발표했다. 제목은 '《위클리경향》
보도에 대한 국정원 입장'이다. 국정원은 "우리는 정부기관이나 기
업과 시민단체의 사업계약에 대해 영향력을 미칠 입장과 위치에 있
지 않으며, 시민단체와의 계약이나 합의는 개별 정부기관이나 기업
의 고유 권한으로서 국정원과 관련이 없다."라고 강조했다. 국정원
은 또 "박 상임이사와 《위클리경향》에 법적 대응을 검토 중"이라고
언급했다.

하지만 언론은 '국정원 민간 사찰', '지금은 신공안정국', '국정원의 야비한 시민단체 탄압' 등의 제목으로 계속 이 사건을 기사화했다. 《한겨레》의 경우 2009년 6월 24일자 신문 1면 머리기사로 '진보단체 지원 중단에 국정원이 개입됐다'라는 내용의 기사를 크게 실었다. 기사는 "진보적 성향의 시민·사회단체에 대한 정부와 기업의 지원 사업이 줄줄이 끊기고 있다."라고 하면서 "이 과정에서 국가정보원이 개입하고 있다는 정황과 증언이 잇따르고 있다."라고 보도했다. 실례로 서울시와 환경부가 뚜렷한 이유 없이 환경재단의 환경영화제 지원을 중단한 점 등을 제시하기도 했다.

시민단체에서도 박원순 이사의 주장을 뒷받침하는 내용을 발표했다. 이미경 환경재단 사무총장은 이명박 정부가 출범한 이후 계속된 진보단체에 대한 압력을 잇따라 성토했다. 서울시로부터 지원이 끊겨 다시 요청했더니 국정원 직원에게서 전화가 걸려왔다는 등의 내용이었다. 하지만 서울시 직원은 이 사실을 부인했다.

국정원은 언론보도에 대해 민감한 반응을 보였다. 2009년 8월 1일 《조선일보》에도 '못 말리는 국정원'이라는 제목의 칼럼이 실리자, 곧이어 이 신문의 〈알려왔습니다〉에 "국정원은 박원순 희망제작소 상임이사가 거론한 관련 내용은 자신들과 아무런 관련이 없다고 알려왔다."라는 내용이 실렸다.

법적 대응을 검토 중이라던 국정원은 3개월이 지난 결국 2009년 9월 14일에 갑작스럽게 박원순 이사에게 2억 원의 손해배상을 청

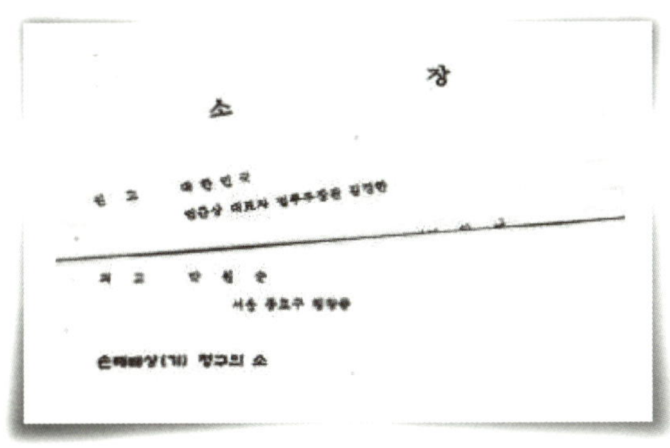

구하는 소송을 걸었다. 당시 이 소송을 두고 검찰 내에서도 논란이 있었지만, 서울고검장으로 있던 한상대 현 검찰총장이 이를 승인했다.

미국 체류 중에 소송 소식을 듣게 된 박원순 이사는 9월 16일에 귀국했다. 귀국에 앞서 박 이사는 9월 15일 자신의 홈페이지인 '원순닷컴wonsoon.com'에 "국정원이 저를 상대로 2억 원이나 되는 소송을 제기했다니 참으로 영광스럽고 행복하다."라고 응답했다.

2009년 9월 17일, 박원순 이사는 서울 평창동 희망제작소에서 기자회견을 열었다. 박 이사는 국정원이 개인이나 민간단체를 불법 사찰한 것으로 의심되는 열다섯 가지 사례를 추가로 공개했다. 정면 대결을 결심한 것이다.

박원순 이사는 구체적인 사례로 ▲국정원 직원이 한 재단의 이사장을 찾아가 자신에 대해 탐문했고, ▲자신이 이사로 등재된 한 재단에 "돈을 얼마나 받고 있느냐?"라고 캐물었으며, ▲자신이 한 기

박원순, 사찰 의혹 15건 공개

〈희망제작소 상임이사〉

"국정원, 아름다운가게 후원사유 뭐냐"등 압력
국가가 국민 상대로 명예훼손 소송 전례 없어

업에서 사외이사로 활동한 내역을 확인한 경우 등을 들었다.

또한 박원순 이사가 수년째 운영하고 있는 아름다운가게와 '아름다운커피' 등의 사업에도 국정원이 잇따라 개입했다는 주장을 제기했다. 그는 "올해 4월 국정원 직원이 '아름다운커피' 매장을 연한 대학의 관계자를 찾아가 좌파 단체를 후원하는 사유가 무엇인지 물었다는 얘기를 들었다."라고 하면서, "국정원 직원이 곳곳에서 저에 대해 묻고 다닌 뒤로, 희망제작소 사업이 줄줄이 취소되거나 이유 없이 연기됐다."라고 밝혔다.

박원순 이사는 이 밖에도 ▲진보 성향 단체들이 정부 지원 대상에서 배제되고, ▲특정 기업 임직원에게 시민단체에서 탈퇴하라는 압력이 들어갔으며, ▲공공기관에 '민주사회를 위한 변호사 모임(민변)'에 가입한 변호사에게는 사건을 맡기지 말라는 지시가 내려졌다는 사례를 들면서 "국정원의 개입이 일상화·구조화되고 있다."라고 주장했다.

박원순 이사는 "이런 사회에서 살아야 한다는 것이 가슴 아프다."라고 말했다. 그리고 "대한민국에서 가장 힘세고 두려운 기관을 상대로 있지도 않은 허위 사실을 주장한다는 건 상상할 수 없는 일 아닌가"라며 자신의 진정성을 알아달라는 입장을 밝혔다.

이에 대해 국정원은 "현재 소송 중인 건에 대해서는 재판 결과에 영향을 미칠 수 있기에 왈가왈부할 입장이 아니다."라며 조심스러운 반응을 보였다. 이 같은 쌍방의 대응과 주장은 역시 각종 매체를 통해 대대적으로 보도되었다.

마치 다윗과 골리앗의 대결과 같은 모양새였다. 그동안 우리 사회에서 국정원이 어떤 곳이었던가? 그런 국정원이 한 개인을 마치 핀셋으로 고른 것처럼 콕 집어냈음에도, 박원순은 '도발'을 멈추지 않았던 것이다.

전인미답의 소송, 그리고 그에 맞서는 '국민' 박원순의 충돌은 어떻게 결론이 났을까?

박원순, 국정원 소송 승소의 의미

"박원순 상임이사가 국정원의 '민간사찰 발언'의 진위를 확인하지 않았더라도, 국가에 대한 악의적인 비판으로 보기는 어려우므로 배상 책임이 없다.”

박원순 이사에 대한 국정원 손배소사건 이후 일 년이 지난 2010년 9월 15일, 서울중앙지법 민사합의14부(김인겸 부장판사)는 원고인 국정원의 패소 판결을 내렸다. 국정원이 낸 명예훼손 손해배상 민사 소송에서 박원순 희망제작소 상임이사가 결국 승소한 것이다.

‘권력은 짧고 진실은 길다’라는 말이 확인되는 순간이었다. 재판부는 특히 “국가는 업무 정당성이나 청렴성과 관련해 국민의 비판과 감시, 견제를 받아야 하므로 비판 내용이 현저히 악의적이거나 허위일 경우에만 예외적으로 명예훼손 소송을 제기할 수 있으며, 내용을 입증할 책임은 국가에 있다.”라고 판시했다. 국가가 개인을 상대로 제기할 수 있는 명예훼손 소송의 범위를 제한적으로 해석한 것이다.

일반적으로 미국과 영국 등에서는 국가를 명예훼손 소송의 주체로 인정하지 않고 있다. 국가가 개인을 상대로 명예훼손을 제기할 수 있다면, 국가의 정책에 대한 비판을 비롯하여 표현의 자유가 위축될 수 있기 때문이다.

게다가 국민의 세금을 가지고 국민을 상대로 소송하는 것은 바람직한 모습이 아니다. 국가가 떳떳하다면, 국가라는 권력을 통해 스스로 명예를 회복할 수 있는 능력이 충분하지 않은가.

앞서 국가인권위원회는 이 같은 내용을 담은 보고서 〈박원순 상

임이사 – 국정원 사건〉을 만들어 재판부에 공식 의견으로 제출할 것을 검토한 바 있다. 그러나 2010년 4월, 재적위원 11명 중 6명이 반대하여 보고서 제출이 무산되었다.

국정원 소송에서 승소할 당시, 박원순은 회의 참석차 싱가포르에 체류 중이었다. 사건 변론을 맡은 차병직 변호사는 판결 직전 박 이사에게 메일을 보냈다.

"두 변호사(윤지영, 박주민) 다음으로 박수를 받아야 할 사람은 이 사건 재판부의 재판장입니다. 그는 사실상 국정원에서 압력을 행사했음에도, 이에 개의치 않고 원칙대로 재판을 진행했습니다. 아마 소심하고 눈치를 살피는 재판장이었다면 선고는커녕 아직 변론을 종결하지도 못하였을 것입니다."

'박원순 국정원 소송 사건'은 개인적 차원의 일이 아니라 국가 정책에 대해 비판하고 표현할 자유를 국민들에게 되돌려준 역사적인 사건이었다.

변화는 이미 그때부터 시작되고 있었던 것이다.

출처 _ 10.asiae.co.kr

박원순의 시장 출마 결심과 '운명'

서울시장 재보선 출마를 결심한 날, 그는 "이 모든 것이 '운명' 같다."라고 나에게 말했다. 박원순이 말한 그 '운명'이란 무엇일까.

국정원 소송 사건은, 국가가 국민의 비판에 소송으로 대응하려 할 경우 표현의 자유가 위축되고 언로가 봉쇄될 우려가 있다는 이유로 원고 국정원의 패소 판결이 내려졌다. 하지만 검찰이 항소하여 현재까지도 재판이 진행 중이다.

그러나 재판 결과와 관계없이 국가로부터 피소되었다는 사실만으로도 희망제작소가 입은 피해는 회복할 수 없을 정도로 컸다. 2009년 당시 희망제작소에서는 100여 명의 직원들이 여러 가지 사업을 활발히 벌이고 있었지만, 피소된 직후부터 후원을 하던 대부분의 기업들이 지원의 손길을 끊었다.

이 때문에 희망제작소는 인원을 30명으로 대폭 줄이고 많은 사업을 중단할 수밖에 없었다. 다행히도 국정원 사건이 벌어지고 기업들의 지원이 끊긴 뒤에 오히려 일반인 후원자가 7천여 명으로 늘어나면서, 시민들의 자발적 후원으로 희망제작소의 사업을 지속할 수 있었다.

이제 박원순의 서울시장 출마 이야기를 다시 꺼내보자.

아마도 박원순은 제도권 정치로부터 러브콜을 가장 많이 받은 사람 중에 한 명일 것이다. 그동안 그 달콤한 러브콜을 외면하던 그가 구태여 뒤늦게 '과감한 선택'을 하게 된 이유는 무엇일까?

현 정권의 방해로 희망제작소 운영조차 쉽지 않았기 때문일지도 모른다. 그의 말대로 세상이 근본적으로 잘못되고 있는데 시민사회가 기계적 중립을 유지한다는 것에 한계를 느꼈을지도 모른다. 혼자 고고한 척한다는 부채의식을 가졌을 수도 있다.

박원순 희망제작소 상임이사의 서울시장 보궐선거 출마는 2011년 9월 6일 각종 매체를 통해 공식화되었다. 서울시장 출마를 결심한 직접적 배경이 국정원 사건을 비롯한 현 이명박 정권의 탄압이었던 것은 확실하다.

박원순, 그리고 당시 그의 심경

여기서 잠깐 '박원순과 문재인, 조영래와 노무현… 그리고 '운명''이라는 제목의 2011년 9월 27일자 《프레시안》 기사를 일부 빌려서 이야기를 풀어보자.

2008년 봄과 여름 미국산 쇠고기 수입을 반대하면서 거세게 타올랐던 시민 자각의 촛불이 허무하게 잦아들고, 다음 해 5월 검찰 수사에 몰린 노무현 전 대통령이 고향인 봉하마을의 부엉이바위에서 몸을 던졌다. 그해 8월에는 김대중 전 대통령마저 지병과 충격으로 숨졌다.

대한민국 민주화를 대표하는 두 전 대통령을 잃은 암울한 상황에서 각계각층에서는 이를 타개할 수 있는 유력한 수단으로 대안 인물을 진지하게 모색했다.

지도자가 차지하는 비중이 엄청난 현실감으로 다가왔다. 이명박 정권이 그 반면교사였다. 절박하던 그즈음, 사람들에게 '박원순'이라는 이름이 오르내리기도 했다. 그런데 박원순에게는 도무지 권력 의지가 없어 보였다.

노무현 전 대통령의 서거 직후인 2009년 6월, 박원순이 국정원 사찰을 폭로하는 것을 지켜보면서 사람들은 일말의 가능성을 보았다. 하지만 이에 앞서 2008년 6.2지방선거 때 그는 강원도 태백에서 한나라당 후보를 지원하는 활동을 하기도 했다.

그것은 풀뿌리 민주주의 연장 선상에 있는 기초지방자치선거에서 정당공천제는 옳지 않다는 그의 평소 지론에 입각한 행동이었다. 물론 그가 지지의사를 표명하고 방문한 40개 지역 중에서 한나라당 후보는 두 명에 불과했다.

반한나라당 연대가 절실하던 당시의 민감한 선거 국면을 볼 때, 그가 만약 정치적 계산을 했다면 결코 그런 행동을 취할 수 없었을 것이다. 사람들은 이 사건을 지켜보면서 박원순에게 정치권 진출 의사가 없음을 재확인했다. 제도정치권에 진출하는 것 외에도 할 일이 많다는 그의 선택을 존중할 뿐이었다. 그는 이미 전인미답의 블루오션들을 훌륭하게 개척하고 있었다.

'이제 세상으로 뛰어들어야 할 차례다'

다양한 차원의 적대적 대립이 과도하게 이루어지는 한국 사회에서 박원순은 이례적으로 '적'이 적은 사람이었다. 박원순을 잘 아는 사람 중에 그를 악평하는 이를 본 적이 거의 없다. 그럴만한 이유가 있었다.

하지만 정치판에 본격적으로 뛰어든 이상 그의 앞에도 수많은 적이 생겨날 것이다. '안철수 신드롬'으로 대변되듯이 안철수 원장을 칭찬해 마지않던 언론과 한나라당은 박원순에 대한 그의 '아름다

운 양보'를 본 뒤로 민망한 저주들을 퍼부어댔다. 그리고 그들은 박원순의 약점을 포착하기 위해 사력을 다했다.

이러한 모든 것들이 박원순의 '운명'이다. 그 운명은 과연 누구로부터 주어진 것일까? 그의 삶의 궤적을 따라가다 보면 그 해답을 찾을 수 있다. 내가 생각하는 결론부터 말하자면, 그의 운명은 곧 그와 시민들 그리고 이 사회와 대한민국으로부터 주어진 것이다.

이 답에 공감하는지 묻기 위해 잠시 과거로 시간을 돌려 박원순이 꿈꿔온 세상을 들여다보자.

Part 2

"함께 꾸는 꿈은 현실이 됩니다"

- 박원순이 꿈꿔온 세상

세상엔 고치고 바꿔야 할 일들이 너무 많다

"그래도 난 우리 사회에 희망이 많다고 믿어요. 2000년에 아름다운재단 시작할 때만 해도 나눔이라는 말이 그다지 흔히 쓰이는 말이 아니었어요. 기부문화가 들꽃처럼 온 세상에 피어나게 하자는 게 목표였는데, 그때랑 비교하면 지금 얼마나 많이 퍼졌나요. 그런 면에서 볼 때 너무 완벽한 사회보다는 할 일 많은 세상에 태어난 게 감사하지요."

辯護士 朴 元 淳
LAWYER PARK WON SOON

박원순의 삶

"박원순이 누구예요?"

사실 박원순 변호사가 서울시장 후보로 출마하기 전까지는 그를 모르는 일반 시민들이 많았다. 오랜 시민운동과 여러 시민단체 활동에도 불구하고, 그가 이름 석 자를 앞에 내세워 적극적으로 알린 적이 없었던 까닭이다. 국회의원 한 사람보다도 인지도가 낮았다.

이런 박원순이라는 사람을 친절하게 국민들 앞에 소개해준 이가 방송인 김제동 씨가 아닌가 싶다. 국정원 소송 사건이 아직 진행 중이던 2010년 5월 16일, 《경향신문》에 김제동 씨가 박원순 변호사를 인터뷰한 기사가 실렸다.

노무현 전 대통령이 사망한 뒤 어쩌면 정치적으로 가장 큰 피해를 입었을 '국민 MC' 김제동 씨가 희망제작소 박원순 상임이사를 찾아왔다. 김제동 씨는 특유의 입담과 재치로 이야기를 풀어냄으로써 박원순을 잘 모르던 일반인들도 그를 다시 돌아볼 좋은 계기를 마련해주었다.

인터뷰에서 김제동 씨는 "개천에서 용 나는 것도 중요하지만 송사리로 남아 개천을 지키는 것도 중요하다."라고 말했고, 박원순 변호사는 "혼자 용빼는 재주로 하늘로 올라가는 것보다 함께하는 것으로 힘이 되는 사람이 되는 게 중요하다."라고 맞장구를 쳤다.

그 '함께하는 것으로 힘이 되는 사람'이라는 의미를 지금 다시 생각해본다. 박원순은 지금까지 그 의미에 충실하게 걸어왔다고 말해도 되지 않을까. 박원순의 삶을 그 어디에서보다 진솔하게 엿볼 수 있는 당시의 인터뷰 내용을 간추려 소개해본다.

박원순 변호사의 다이어리는 흰 바탕이 보이지 않을 정도로 빽빽했다. 일과는 오전 7시 30분부터 한밤중까지 이어졌다. 스케줄 많고 바쁜 사람들을 수없이 만나왔지만 이런 일정표는 처음이다. 가슴 포켓에는 볼펜이 한가득이고 주머니란 주머니마다 서류 뭉치와 메모지가 잔뜩 들어 있는 복장이 바쁜 일상을 말해주었다. 나처럼 매니저가 있는 것도 아닌데……. 박 변호사께는 죄송하지만 그분이 더 바빴으면 좋겠다. 바쁘면 바쁠수록 세상이 희망적으로 변할 일들이 더 많을 테니까. 종로구 평창동 희망제작소 내 두 평 남짓한 작업공간은 '희망의 헤드쿼터'였다.

지난달엔 영국에도 다녀오셨죠? 너무 바쁘게 지내시는데 하나도 안 피곤해 보이세요.

밤 9시가 넘어야 제 시간을 좀 가질 수 있는데, 이때 이메일 확인하고 블로그나 자료정리도 좀 하고 그래요. 영국 갔다 온 것도 빨리 정리해야 하는데……. 사회적 기업 보려고 갔어요. 요즘 미국뿐 아니라 영국 등 유럽 선진국에서는 공공의 목적을 비즈니스적인 방법으로 만들어내요. 정부 사업인 공공서비스를 민간단체가 생산하도록 한 거죠. 홈리스를 예로 들자면, 정부가 다 감당하는 것이 아니라 시민단체들이 이들을 대상으로 자전거 수리기술을 가르쳐 자전거포를 열고 자활하도록 돕는 거죠. 시민단체는 지역 주민들에게 훨씬 가까이 있으니 공공서비스를 더욱 효율적으로 실시할 수 있고, 지역민들의 바람도 충족시켜주기 쉬워요. 그런데 지금 우리 사회는 정부가 모든 것을 직접하

"함께 꾸는 꿈은 현실이 됩니다" – 박원순이 꿈꿔온 세상

고 다 간섭하려고 하잖아요. 벙커에서 비상회의하면 세상이 바뀌는 줄 알고……. 거꾸로 가는 셈이죠.

그럼 바람직한 정부의 역할은 뭐라고 할 수 있을까요?

국민의, 국민에 의한, 국민을 위한 정부이어야 하죠. 국민이, 시민이 스스로 할 수 있도록 보장하고 격려해줘야죠.

정부가 해야 하는 일을 민간이 해주는 것은 정부에도 도움이 되잖아요. 그런 일을 하는 분을 지원해주고 독려해주면 좋을 텐데 오히려 고소를 하네요.

예수님은 고소당한 뒤 처형까지 당하셨잖아요. 난 차라리 감옥에 가고 싶다는 생각을 했어요. 그럼 이렇게 복잡한 일정들까지 신경 안 써도 되고 규칙적으로 책 읽고 글 쓰면서 살 수 있는데……. 오히려 감옥에 갔으면 했는데, 돈도 없는 나한테 2억 원이나 청구했잖아요.

그때 심정이 어떠셨나요?

기분 안 좋죠. 일반인도 아니고 국정원인데. 우리 희망제작소는 특별히 정부를 지지하거나 비판하는 일을 하는 게 아니라 늘 창조적인 활동을 위해 노력하는 곳인데 말예요. 그러다 보니 갑자기 기업 후원도 끊기고 어려워졌죠. 그런데 오히려 잘됐어요. 자발적으로 늘어난 회원이 5,000명에 이르거든요.

변호사님의 정치적인 색깔에 대해 이야기하는 사람들도 있는데, 그에 대해선 어떻게 생각하시나요?

난 지금까지 그런 색깔 없이 살았어요. 좋은 일을 하고 살자는 게 내 의지인데 외부에서 자꾸 나를 정치적인 존재로 만드네요. 본의 아니게 정치권이나 공직 물망에 오르내린 적도 있잖아요. 한편으로는 오해를 좀 받는 것도 나쁘진 않을 것 같아요. 아무 비난과 비판을 안 받으려면 아무것도 안 하면 되거든요. 뭘 하든 비판자는 생겨요. 저도 처음엔 왜 날 비판하고 미워하나 생각하면서 그들이 울컥 미워지기도 했는데, 이제는 '저런 사람들이 있어야 나를 스스로 돌아볼 수도 있겠구나.'하고 생각해요. 편해졌죠.

얼마 전 '요즘은 더 이상 개천에서 용 나기 어렵다.'라는 글을 봤어요. 한참 동안 '왜 용인가?' 하는 생각이 들었습니다. 왜 다들 용꿈만 꿀까요? 송사리로 남아서 힘없고 가난한 사람들과 함께 어깨동무하고 개천을 지키는 것이 훨씬 중요하지 않을까요?

그래도 난 우리 사회에 희망이 많다고 믿어요. 2000년에 아름다운재단을 시작할 때만 해도 나눔이라는 말이 그다지 흔히 쓰이는 말이 아니었어요. 기부문화가 들꽃처럼 온 세상에 피어나게 하자는 게 목표였는데, 그때랑 비교하면 지금 얼마나 많이 퍼졌나요. 그런 면에서 볼 때 너무 완벽한 사회보다는 할 일 많은 세상에 태어난 게 감사하지요.

"함께 꾸는 꿈은 현실이 됩니다" - 박원순이 꿈꿔온 세상

할 일 많으신 건 좋지만 집에서는 뭐라고 안하시나요?

젊을 때부터 이렇게 살았으니까 일찍 집에 가게 되면 뭔 일이 있나 하고 이상하게 생각해요. 돈도 안 갖다 주지, 늦게 가지, 일 년 중에 3분의 1은 외국에 있지, 심지어 사무실에서 자는 날도 많아요. 2005년에는 스탠포드 대학에 있었는데, 혼자 갔기 때문에 무척 외로웠죠. 그때 김광석 씨나 양희은 씨 CD를 들으며 외로움을 달랬는데 그 노래들이 제 마음을 콕콕 찌르더군요. 제가 감성이 없는 사람이 아니란 걸 그때 느꼈어요.

……그분의 얼굴에 웃음꽃이 활짝 피어난다. "절망도 있지만 희망의 단서도 많다."라는 그분은 계속해서 희망의 씨앗을 뿌리겠단다. 그렇다. 하늘을 덮는 큰 나무도 모두 작은 씨앗 하나에서 시작하였다.(《경향신문》 2010년 5월 16일자, 〈김제동의 똑똑똑 – 박원순 변호사〉 인터뷰 중에서)

'내가 아는 박원순'

김제동 씨와 함께 생각나는 사람이 또 한 명 있다. 박원순이 공식적으로 서울시장 예비후보에 출마하겠다고 발표하고 난 후, 한때 그가 강남 월세집에 산다는 사실이 논란이 된 적이 있었다. 이때 역사학자 이이화 선생이 나서서 그를 변호해주었다.

‘물이 너무 맑으면 고기가 살지 않는다’라는 공자의 말대로 너무 정
직한 게 약점이 될 수도 있다고 지적하고 싶다. 박원순, 그는 지금 시
험대에 올랐다. 모처럼 그가 명랑한 시험장에서 시험을 잘 치러 결실
을 맺기를 기대한다. 그래야 직접민주주의는 더욱 앞으로 나아갈 것이
다. 성숙한 시민의식이 그 밑거름이다.

이이화 선생은 박원순이 집을 날린 진짜 이유를 설명하며 마지막
에서 이같이 말했다. 한평생 올바른 역사를 위해 외길을 걸어온 선
생이 전해준 이야기는, 박원순은 물론 주변 모든 사람들에게 큰 격
려가 되었다. 이이화 선생이 《경향신문》에 기고한 내용을 조금 더
꺼내본다.

근래에 그는 시민후보를 표방하면서 서울시장 선거에 뛰어들었다.
나는 그의 성격과 신념을 알고 있는 터라 말리고 싶었지만 그럴 처지
가 아니었다. 그런데 그를 두고 이리저리 검증하고 평가하는 일은 당
연할 테지만, 엉뚱하게 모략질을 하는 듯한 발언들을 보고 실망보다
분노가 앞섰다. 아무개 목사는 박원순을 ‘종북 좌파 선동가’라고 지목
했고, 어느 변호사는 위선자로 몰아갔다. 심지어 강남 호화 아파트에
서 왕자처럼 산다고도 했고, 자기 부인에게 이권을 몰아준 파렴치한으
로 만들기도 했다. 이는 보수니 진보니 하는 진부한 논리도 아니요, 한
점 진실도 없는 음모적 수법이자 품위 없이 막가는 발언들이다. 나는 역

사 글을 쓰면서 가장 무서운 것은 사기꾼보다도 정치 음모꾼이라고 여겨왔다.

박원순을 만나 직접 겪은 예를 하나 들어보겠다. 1980년대 중반, 그때까지 여러 가지로 제한을 받던 한국 근현대사 연구를 위해 새 모임을 만들었고 박원순은 경비를 대는 등 열성적으로 참여했다. 그런 과정에서 자체 공간을 확보할 수 없어서 사무실을 이리저리 옮겨 다녔다. 그때 박원순이 은행에 저당 잡힌 건물의 부채를 떠안고 우리 연구소의 소유로 넘겨주었다. 이 건물 때문에 그의 집이 날아갔다. 아는 사람은 알겠지만, 그 뒤에도 그는 참여연대, 아름다운재단 등을 설립하면서 자기 주택 한 채 없이 지내왔다. 너무 안타까워 "독립투사가 아니니 가정도 돌보면서 일하라."하고 충고하기도 했다. 그는 돈만 생기면 책을 사서 필요한 기관에 증여하고, 바쁘게 돌아다니면서도 지하철이나 버스만을 이용한다.

공부벌레 소년에서 서울대 제적생으로

그럼에도 아직 박원순이 어떤 사람인지 모르는 사람이 많을 것이다. 《프레시안》 2011년 9월 27일자 기사를 참고해서 박원순의 이야기를 더 풀어보자.

박원순은 경남 창녕에서 유복하지 못한 한 농가의 2남 5녀 중 둘

중학교 입학 즈음 어머니, 형(좌)과 함께

경기고 재학 시절

째아들로 태어났다. 한눈 안 파는 집중력과 한번 엉덩이를 붙이면 꼼짝 않는 지구력으로 책상 앞에서 공부하고 먹고 자다가 시골에서 중학교를 마치고 서울의 경기고등학교로 진학했다.

경복고 입학시험에서 한 차례 낙방하고 재수할 때부터 입주 과외를 시작한 그는 스스로 경제 문제를 해결해야 했다. 경기고 시험을 앞두고서 3개월 동안 양말도 벗지 않고 공부했다고 한다.

공부를 잘하고 책 읽기를 좋아해서 서울의 명문 고등학교로 진학했지만, 그는 스스로 '범생이'는 아니었다고 말한다. 하지만 3학년 때는 무리하게 공부하다가 결핵성 늑막염에 걸려 1년 남짓 고향에 있는 누님 집에서 요양하기도 했다고 한다.

"함께 꾸는 꿈은 현실이 됩니다" – 박원순이 꿈꿔온 세상

박원순은 1975년에 서울대 사회계열에 입학했다. 그는 이후 법학과를 선택하려 하였으나 곧 좌절되고 말았다. 순탄치 않았던 대학 생활. 어쩌면 그의 '운명'은 여기서부터 시작되었는지 모른다.

박원순은 서울대에 입학한 지 3개월도 채 지나지 않은 5월 22일, 학내시위에 단순 가담하였다가 4개월 동안 감옥살이를 하고 곧 제적되었다. 3개월짜리 새내기 대학생이 도대체 얼마나 나쁜 짓을 했길래 깡촌 시골에서 서울대에 진학했다고 벌인 잔치판의 여흥이 가시기도 전에 제적당했을까.

1975년 4월 11일, 서울 농대생 김상진이 학내 자유성토대회에서 양심선언문을 읽고 할복자살했다. 1970년에 노동자 전태일이 분신자살할 때도 그랬지만, 대학생 김상진의 할복자살도 이례적이었고 충격 그 자체였다. 5월 22일, 김상진 열사를 추도하기 위한 집회가 열렸다.

박원순이 입학하던 1975년은 서울대가 관악캠퍼스로 이전한 첫해로, 여러 단과대학의 학생운동 역량들이 연대하여 5월 22일에 집회를 계획했다. 오둘둘 사건(5.22 사건)이라고 부르는 이 집회는 5월 13일에 긴급조치 9호를 선포한 이후 첫 번째 시위였다. 박원순은 도서관에서 미국 시사주간지 《타임》을 보고 있다가, 경찰의 잔인한 진압 장면을 목격하고 시위대열에 동참했다. 그날 저녁에는 이화여대 학생들과의 미팅이 예정되어 있었다.

'겨울공화국'을 거치며

그가 구호를 몇 번이나 외치고 짱돌을 몇 개나 던졌을까? 단지 그것으로 낭만과 꿈으로 가득 찼던 새내기 박원순의 캠퍼스 생활은 끝이 났다. 박원순은 19세 미성년이었기에 소년수로 수감되었다.

1975년은 격동이 몰아치던 시기였다. 3월에는 《동아일보》 기자들이 대거 해직되었다. 4월 8일에는 긴급조치 7호로 고려대에 휴업령이 내려지고 군대가 진주했다. 그리고 4월 9일, 민청학련 사건의 배후로 지목된 인혁당 관계자 8명에 대한 사형이 집행되었다. 사법 사상 최악의 '암흑의 날'로 불리운 사건이었다.

이어서 4월 11일에 김상진이 할복자살하고, 5월 1일에 김지하는 옥중에서 양심선언문을 발표했다. 날마다 학생시위와 휴교, 구속, 제적 기사가 신문 사회면을 가득 채웠다. 이런 와중에 5월 13일에 긴급조치 9호가 선포된 것이다. 유신체제는 더욱 강화되었고, 유신 반대를 외친 사람들에 대한 처벌은 가혹했다. 그즈음 시인 양성우는 시 〈겨울공화국〉을 발표했다.

긴급조치 9호를 전후하여 박원순은 제적되었다. 이로써 그는 속칭 '긴(급)조(치)세대'가 되었다. 긴급조치 9호는 선포 후 절대적인 위력을 발휘했다. 오둘둘 사건이 일어난 때는 긴급조치 9호가 선포된 지 열흘도 지나지 않은 시점이었으니, 박정희 정권이 벌였을 탄압의 강도를 짐작할 수 있다.

1975년 '5·22 사건' 보도
(《조선일보》 1975년 5월 23일자)

긴급조치 9호 때문에 오둘둘 시위는 전혀 보도되지 않았다. 다만 처벌 관련 기사만 실렸다. 시위가 있던 당일 오후에 주동자급 25명이 전격 제명되었고, 77명이 남부경찰서에 연행되어 조사를 받았다. 77명 중에 새내기 박원순이 포함되어 있었다. 오둘둘 사건의 여파로 서울대 총장과 서울시경 국장의 목이 날아갔다.

여기서 박원순의 첫 번째 좌절을 자세히 밝히는 것은 시위의 정당성 여부를 논하려는 것이 아니다. 박원순은 부끄럼이 많고 앞에 나서는 것을 좋아하지 않는 편이었다. 하지만 그런 상황이 닥치면 헌신과 희생을 불사하는 열정이 있었다.

이런 경우는 한두 번이 아니었다. 곡절 많은 현대사는 이 사람을 그의 뜻과 관계없이 역사의 무대로 불러냈다. 그가 제적되고 감옥에 갈 적에 박근혜는 영부인 역할을 대행하고 있었다. 이러한 관계들을 설명하면서 '운명' 외에 다른 표현을 찾기가 힘들다. 박원순은 이후 이때의 좌절 경험에 대해 "실패와 고난은 인생의 보약"이라고 말했다.

단국대로 옮겨 사법고시 합격

박원순은 주동자급이 아니니 곧장 복학할 수 있으리라 여겼지만, 현실 상황은 달랐다. 복학을 마냥 기다릴 수 없었던 박원순은 예비고사를 다시 치르고 1976년에 단국대 사학과에 입학했다.

사학과를 택한 것은 역사공부를 좋아했기 때문이다. 그는 법의 사회적 실용성을 강조한 루돌프 폰 예링의 법 이론에 감동받아 사법고시를 준비하기 시작했다. 1978년 8월에 법원 사무관 시험에 합격하고, 1979년에는 강원도 정선등기소 소장으로 부임하여 1년 넘게 근무했다. 그는 23세에 이미 '영감(令監)'이 되었다.

이에 앞서 박원순이 제적된 지 5년여 만인 1980년 1월에 서울대에서 복학조치를 내렸다. 하지만 박원순은 서울대로 복학하지 않았다. 당시 그는 등기소장으로 근무하면서 사법고시를 준비하고 있었던 데다가 1학년부터 다시 다녀야 하는 번거로움도 있었기 때문이다.

박원순은 1980년 6월에 사법고시 2차 시험에 합격했다. 그 다음 해부터는 시위경력자들이 3차 면접과정에서 탈락되었지만, 1980년에는 그렇지 않았기에 합격할 수 있었다. 박원순은 1975년에 서울대에 입학한 지 10년 만에 단국대 사학과를 졸업하게 되었다. 참으로 길고도 기구한 대학 생활이었다. 그러나 한편으로는 그 경험이 오늘날의 박원순을 만드는 데 일조한 것은 물론이다.

다음 해부터 인원이 대폭 확대되었으나, 제22회 사법시험 합격자

신임검사 교육수료 기념사진 뒷줄 오른쪽에서 두 번째(1982년 9월 11일)

는 141명에 불과했다. 그 141명 중에 박원순의 이름이 있었다. 그는 2년간의 연수기간을 거쳐 검사로 서게 되었다.

그때 사법연수원 12기에는 조영래(1947년생)가 포함되어 있었다. 서울대를 수석 입학한 조영래는 법대와 서울대를 넘어 학생운동권의 '전설'이었다. 사법시험을 목전에 둔 시점에도 전태일 장례식을 준비했고, 장기 피신 중에도 《전태일 평전》을 집필했다. 그럼에도 자기가 그것을 집필하였노라고 생전에 발설하지 않았다. 한 노동자의 죽음이 의미 있게 자리매김한 데는 조영래의 공이 컸다.

조영래는 사법연수원에서 연수 중이던 1971년에 서울대생 내란음모사건으로 구속되었다. 1974년에는 민청학련사건에 관련자로 연루되어 장기 피신하게 되면서 사법연수원을 이수하지 못했다.

이런 기구한 시대적 운명으로 박원순과 조영래의 만남이 이루어

졌다. 박원순은 인권변호의 역사를 다룬《역사가 이들을 무죄로 하리라》라는 책에서 조영래를 '인권변호사의 전설'이라고 표현했다. 뒤에 박원순은 조영래를 '인생의 멘토'라고 말하기도 했다.

박원순은 사법연수원 생활을 마치고 1982년 8월에 검사가 되었다. 검사를 택한 것은 '오둘둘 사건'의 최고 선배격인 이호웅 등의 조언 때문이었다. 박원순은 이후 인권변호사로서 오둘둘 사건의 선배들을 변호하기도 했다.

대개의 경우 1학년 때 시위에 단순 가담했다는 이유로 가혹한 처벌을 받으면 피해의식에 사로잡히고 만다. 그러나 박원순은 '자기 인생을 망친' 선배들과 시종 긴밀한 관계를 유지했다.

조영래 변호사와 인권변호사로 함께하다

박원순에게 검사직은 체질적으로 맞지 않았다. 검사로서 남을 벌 주고 사형 현장에 임석하는 것 등을 견디기 힘들어했다. 오히려 피해자의 편을 들기도 했다. 박원순은 천생 약자의 편이었다. 검사라는 직업이 사람에게 죗값을 치르게 하고 사형을 구형하여 억울한 사람을 죽일 수도 있다는 생각에 그는 1년 만에 그 자리에서 조용히 물러났다. 그는 6개월 만에 사직서를 냈지만 부장검사의 만류로 1년을 채우고 1983년 8월 13일자로 대구지검에서 면직되었다. 그

리고 1984년부터 조영래 변호사와 함께 인권변호사로서 새로운 인
생을 시작하게 되었다.

박원순은 일반 변호를 맡기도 했지만, 곧 조영래와 함께 인권변
호에 사력을 다했다. 전두환 집권 시기에는 공안사건과 인권침해사
건이 속출했다. 이에 대응하여 인권변호사들도 조직적으로 맞섰는
데, 이는 1986년 5월 19일에 '정법회'를 결성하는 것으로 이어졌
다. 1960, 70년대부터 인권변호를 담당해온 시니어그룹과 조영래,
박원순 등의 주니어그룹이 결합한 것이었다. 정법회를 모체로 청년
변호사들이 가세하면서, 1988년 5월 28일에는 '민주사회를 위한
변호사 모임(민변)'으로 확대되었다.

1985년 권인숙 성고문 사건, 1987년 박종철 고문 사건 등을 차례
로 담당한 박원순은 인권변호사로 승승장구하면서 명성도 얻고 돈
도 벌었다. 그런데 그 무렵 인생의 멘토이던 조영래 변호사가 "이제
돈 그만 벌고 외국도 좀 나갔다 와
라."라는 말을 남기고 폐암으로 무
정하게 세상을 떠났다. 이 말은 박
원순에게 또 다른 인생을 만들어
줬다.

조영래와 박원순은 1980년대 대
한민국의 대표적인 인권변호사로
서 활약했다. 박원순은 조영래와

박원순 변호사 개업광고문(동아일보,
1983년 9월 9일자) '인권상담'이라는
문구가 들어간 것이 이례적이다.

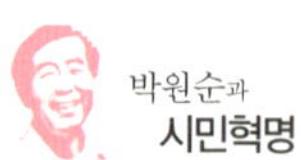

같이 변론하면서 '세상을 보는 안목과 통찰력, 포용력과 연대의 힘, 그리고 집요함과 끈기' 등을 배웠다고 회고한다.

박원순은 인권변호뿐 아니라 1987년 6월 항쟁에도 적극 참여했다. 1987년 대선에서 조영래와 함께 후보 단일화라는 원론적 입장을 취하였고, 6월 항쟁으로 탄생한 또 하나의 산물인 《한겨레》 신문 창간에도 참여했다. 이후 박원순은 《한겨레》에서 논설위원을 역임하면서 당연히 사찰 당국의 주시 대상이 되었고, 1990년 10월에 폭로된 '보안사 민간인 사찰' 명단에도 이름이 올라갔다.

역사문제연구소 창립과 유학 그리고 시민운동

한편 박원순은 인권변호사로 활동하면서 1986년 2월에 역사문제연구소 창립을 주도했다. 검사직을 그만두면서 본격적으로 역사를 공부하기 위해 일본 대학에서 연구할 방법을 알아보기도 하였지만, '오둘둘' 선배들이 만류했다. 그는 역사 공부를 본인이 전업으로 하는 대신 이를 지원하는 연구기관을 설립하기로 결심하면서 역사문제연구소를 창립했다. 역사문제연구소와 그 기관지 《역사비평》은 현대사 연구의 산실로, 앞서 이이화 선생이 회고한 것처럼 초기에는 박원순의 재정적 지원에 의존할 수밖에 없었다.

그는 그동안 수집한 방대한 자료들과 소유하고 있던 건물까지 쾌

척했다. 힘들여 모은 책들을 내놓는 것은 쉬운 결단이 아니었다. 그는 책을 가지러 집에 온 사람들에게 "마누라만 빼고 책은 다 가져가라."라고 말했는데, 막상 자료가 사라진 텅 빈 공간을 보니 '차라리 마누라를 데려가지.' 하는 심정이었노라고 회고하기도 했다. 역사문제연구소 창립 이사장을 맡았을 때 그의 나이 겨우 서른이었다.

박원순은 그 후 1991년부터 1993년까지 영국과 미국 하버드 법대에서 객원 연구원으로 지내며 종일 도서관에서 살았다. 유학을 다녀와서는 참여연대(1994~2002년), 아름다운재단과 아름다운가게(2002~2006년), 희망제작소(2006~2011년) 등의 블루오션을 개척했다. 먹고 사는 문제가 언제나 다급한 세상에서 함께 잘 먹고 잘 사는 방법을 실천하기 시작한 것이다. 그는 참여연대, 아름다운재단과 아름다운가게, 희망제작소를 통해 신선하고 재미있게 시민운동을 확산시키며 새로운 수익구조를 탄생시켰다.

박원순은 조금만 더 하면 창의적인 시민운동가가 공무원, 교사를 누르고 '워너비 직업'이 될 날이 올 것 같다고 생각하였다. 이제 그가 서울시장 선거에 도전함으로써 자신의 인생 5막을 개척한 셈이다.

그동안 박원순은 큰 의혹에 휘말린 적이 거의 없었다. 오히려 지독한 원칙주의자에 가까웠다. 박원순은 그 말 많은 시민운동, 사회운동을 하면서도 '적'이 별로 없었다. 내부 갈등이 심각할 때도 박원순은 항상 조정자로서의 역할을 자임했다.

박원순은 20여 년 동안 정치권으로부터 가장 빈번하게 러브콜을

받은 인물이었지만, 이를 모두 거절했다. 권력의지가 없어 보이던 그가 드디어 권력의지를 드러낸 것이 서울시장 후보 출마였다. 이제 시민 권력의 대변인을 자청한 것이다.

'5퍼센트의 남자'에서 50퍼센트의 지지율로 발돋움하고, 나아가 세상을 흔들게 된 박원순. 더 많은 꿈과 더 다양한 희망을 만들기 위해 서울시장 출마를 선언한 그는, 다른 사람이지만 같은 뜻을 가진 안철수 원장에게서 건네 받은 50퍼센트와 함께 대기업 후원, 월세 250만 원, 부인의 인테리어 사업 등 앞뒤 잘라먹은 네거티브 총공세를 이겨냈다.

변화를 바라는 시민의 바람은 통합경선과정에서 태풍으로 바뀌었고, 사상 최악이라고 불리던 네거티브 총공세는 오히려 박원순이 깨끗한 사람이라는 것을 증명해주었다. 그는 당시를 떠올리며 "자발적인 시민의 열망을 보고 시민이 시장이 되는 그날까지 마음을 단단히 먹기로 다짐했다."라고 말했다.

원순 씨, 정말 이렇게 많은 일을 하신 거예요?

박원순의 인권변호사 시절에 대해서 특히 궁금한 분들을 위해 글 하나를 옮겨본다. 스스로를 자랑하지 못하는 박원순을 꼼꼼히 분석해보겠다며 '원순 씨, 정말 이렇게 많은 일을 하신 거예요?'라는 제목으로 이 무렵을 정리한 글이 원순닷컴에 올라온 적이 있다.

　박원순의 인권변호사 시절과 참여연대 시절에 대해 두 번에 걸쳐 상술한 이 글의 1편 〈인권변호사로 이런 일을 했군요〉에서는 1980년대 후반 한국 현대사의 굵직굵직한 시국사건들을 변론한 그의 이력에 대해 조명했다.

1984년 망원동 수재 사건 – '한국판 에린 브로코비치'

　단골 침수지역인 망원동의 수해가 천재지변이 아니라 서울시와 건설사가 유수지 시공을 잘못 관리하여 초래한 인재라는 것을 6년 만에 증명했다. 이 사건으로 책임 회피를 일삼는 공권력의 타성에 제동을 걸고 시국사건에 국한되어 있던 인권변호사들의 활동을 집단 민사로 확장했다.

1985년 부천서 성고문 사건 – '군사독재정권의 반인륜성 폭로'

　서울대학교 의류학과 4학년에 재학 중이던 권인숙이 경기도 부천의 한 공장에 위장 취업한 후 경찰서에 연행되었는데, 문귀동 형사가 그녀를 성추행하면서 고문하는 사건이 벌어졌다. 당시 공권력이 추악하게 민주운동가들을 탄압하고 있음을 적나라하게 폭로함으로써 대한민국 민주화 운동에 큰 영향을 주었다.

1985년 미국문화원 사건 – '광주민주화운동이 공개적으로 거론되는 계기'

서울대, 고려대 학생 73명이 1980년 광주민주화운동이 진행되던 과정에서 당시 전두환 등 신군부세력을 지지 내지 방조한 미국의 책임을 묻기 위해 조직한 사건이다. 부산 미국문화원을 방화하는 등의 시위로 그중 19명이 구속 기소되었다. 이때의 반미시위로 인해 광주민주화운동이 공개적으로 거론되는 계기가 마련되었다.

1986년 보도지침 사건 – '정권의 언론 통제를 최초로 세상에 공개'

전두환 정권은 언론을 철저히 통제하였는데, 매일 각 언론사에 기사보도를 위한 보도지침을 작성하여 은밀히 시달했다. 그러다가 1986년에 《한국일보》 김주언 기자가 584개 보도지침 내용을 민주언론운동협의회에 전달했고, 월간 《말》 9월호에서 이 내용을 폭로하면서 정부의 언론 통제를 국민들에게 알렸다. 이 사건으로 《말》의 발행인과 기자 등 3명이 국가보안법 위반 및 국가 모독죄로 구속되었다.

1986년 건대 사태 – '단일 사건으로는 건국 이래 최대의 공안 사건'

전국 26개 대학 2천여 명이 반외세 자주화, 반독재 민주화, 조국 통

일이라는 3대 구호를 내걸고 10월 28일부터 31일까지 건국대에서 집회를 개최했다. 전두환 정권은 공권력을 투입하여 1,289명을 구속했다. 연행된 학생들에게는 용공좌경 분자라는 죄목이 적용되었다.

1987년 구로구청 사건 – '대통령 선거 비리 고발'

13대 대통령 선거(노태우, 김영삼, 김대중 후보) 때 개표를 진행하던 구로구청으로 '부정투표함'이 배달되었다. 그러자 약 2만 명의 시민들이 이 투표함의 공개를 요구하며 시위를 시작했다. 이때 전투경찰 5개 중대 병력이 투입되어 1천 명이 넘는 사람이 구속되거나 다쳤다.

1987년 풀빛출판사 《한국민중사》 사건 – '한국판 분서갱유'

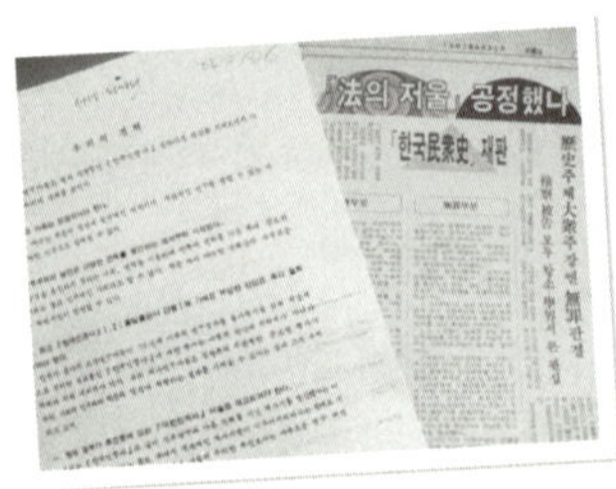

한국 최초의 역사서 《한국민중사》를 출판한 나병식 사장을 공안검사 김원치가 구속한 사건이다. 좌파적인 성향의 기사와 출판물이 모두 검열을 받거나 폐간되었다. 이전까지는 판매금지 처

분만 받은 데 반해 최초로 구속까지 이어진 사례였다.

1987년 박종철 고문치사 사건 – '퍽 치니 억 하고 죽었다'

서울대학교 언어학과 3학년에 재학
중이던 박종철이 전두환 공안당국에
붙잡혀 취조실로 끌려갔다. 박종철은
경찰에게 잔혹한 폭행과 전기고문, 물
고문을 당하여 1987년 1월 14일에 치

안본부 조사실에서 사망했다. 이 사건은 6월 항쟁(1987년 전국민주화시
위)의 직접적인 도화선이 되었다.

1993년 우 조교 성희롱 사건 – '대한민국 최초 성희롱 법적 사건'

서울대학교 우 조교가 신 교수에게 성희롱을 당했다고 고발한 사건
이다. 6년간의 법적 투쟁 끝에, 신 교수가 우 조교에게 500만 원을 지
급하라는 최종 판결이 내려졌다. 이 사건을 계기로 성희롱도 명백한
범죄라는 사회적 인식이 생겼다.

'과로사가 소원'이라는(그래서 같이 활동하던 시민단체의 간사가 《과
로사를 피하는 법》이란 책을 책상 위에 슬쩍 얹혀놓고 갔다는 이야기가
전해진다.) 농담 아닌 농담을 살벌하게 던지곤 하던 박원순. 돌아보
니 오래전부터 정말 많은 일을 해왔구나 싶다.

국가투명성 확보와
<제2 주제
<제1주제> 정부반부패종합대책
참여연대-동아일보사 11월 24일(수) 오후 1시
이은영
박원순

'참여연대'라 쓰고
'불독연대'로 불리다
– 참여연대 활동과 낙선 · 낙천운동

박원순 변호사가 시민운동가로서 첫 발을 내딛은 것은 '참여민주사회와 인권을 위한 시민연대', 지금은 '참여연대'로 불리는 시민단체에서부터였다. 참여연대www.peoplepower21.org는 1994년 9월 10일에 창립하였다. 시민단체 활동은 그가 오랫동안 생각해온 일이었다. 여기서 실무 총책임자인 사무처장을 맡은 것은 1996년부터였다.

박원순은 변호사가 꼭 법정에 서야만 하는 것은 아니라고 보았다. 시민단체에 참여하는 것은 법의 목적을 생활 속에서 실현할 수 있는 좋은 기회라고 판단했다. 주변을 둘러보면 법 때문에 오히려 피해를 받는 선량한 시민들이 많은데, 변호사가 시민단체를 꾸리면서 시민들을 지켜주는 것도 좋은 일이라는 게 박원순의 생각이었다.

참여연대에서 제일 먼저 한 일은 부패추방운동이었다. 박원순은 부패는 독버섯과 같다고 생각하였다. 토양과 조건이 맞는 곳에서 독버섯이 자라듯이, 부패는 제도가 그것을 키우기에 적당하기 때문에 발생하는 것이라고 지적했다. 참여연대 시절의 박원순은 국민의 권익이 걸린 곳에는 어디에나 출동하는 시민운동가였다. 당시 참여연대의 주요 활동을 짚어보자.

1994년 1인 시위

'외교기관의 100미터 이내에서는 집회를 할 수 없고, 집회는 2인 이상을 말한다.'라는 집회와 시위에 관한 법률 규제를 피해 '1인 시위' 방식을 최초로 제안했다. 당시 재벌의 변칙 세습·증여 문제를 제기하기 위해 이 방식으로 시위를 했다.

1994년 국민생활최저선 확보운동

사회안전망을 위한 최초의 사회복지 확대 선언인 '국민생활최저선 운동'을 시작으로 국민연금 가입자 권한 확대, 최저생계 보장, 국공립

보육시설 확대, 장애인 수당 현실화 등 국가가 국민에게 보장해야 할 복지 수준을 높이는 운동을 계속했다. 이것은 각종 사회보험개혁운동으로 이어져 1999년에 국민기초생활보장법이 제정되었다.

1995년 사법개혁운동

법은 국민을 억누르는 권력이 아니라 국민을 위한 서비스가 되어야 한다고 생각했다. 이에 따라 '국민에 의한, 국민을 위한 사법개혁 50과제'를 널리 알리며, 국민의 인권을 보장하기 위한 사법개혁운동을 시작했다. 우선 전관예우, 브로커 등 법조 비리를 엄단할 변호사법 개정안을 마련했다. 그리고 국선변호인 제도 등 사회적 약자와 빈곤층을 위한 법률 구제 대책을 제시하고, 특별검사제, 재정신청제, 불구속 수사 확대 등 검찰의 수사권·기소권 남용을 견제할 방안을 적극적으로 제안하여 사법개혁의 틀을 마련했다.

1997년 작은권리찾기운동

시민의 생활 속 권리찾기운동을 통해 세금 부당 징수 금지, 김포공항 주변 소음 피해 소송, 임대주택 부실관리 개선, 상가임대차보호

"함께 꾸는 꿈은 현실이 됩니다" – 박원순이 꿈꿔온 세상

법·이자제한법·파산법 제정 등 민생 관련 제도를 개혁하는 데 힘썼다. 부당한 전화설비비, 무선전화 전파사용료 등 힘없는 개개인이 겪는 부당함을 당당하게 고발하고 개인의 권리와 이익을 찾아준 운동이었다.

1998년 소액주주운동

주식을 가지고 있는 소액주주들이 힘을 모아 대주주 독단 경영의 부작용을 없애고 기업의 투명성과 책임성을 높이며 자신들의 권익을 되찾기 위한 운동이었다. 이후 기업 감시 활동을 통해 재벌기업의 내부거래, 삼성 일가의 변칙 증여, 현대전자의 주가 조작, 바이코리아 불법 운용 등의 문제를 제기하면서 시민 주도의 재벌개혁운동을 활발하게 전개했다.

1999년 예산감시 정보공개운동

1998년 서울시장 판공비 공개를 청구한 것을 시작으로 예산 관련 부처장 판공비, 각 기관의 판공비 규모와 사용내역을 공개하라고 일제히 청구했다. 정보공개운동은 정부예산을 투명하게 공개하여 낭비를 바로잡고 '국민의 알 권리'를 보장하자는 것으로, 정부의 행정이나 예산 운용에 대해 시민이 참여할 수 있는 통로를 열어주었다.

한국 유권자 운동의 이정표를 세운 낙천·낙선운동

2000년 낙천·낙선운동

참여연대를 비롯한 전국 400여 개 시민사회단체가 모여 총선시민연대를 발족했다. 그리고 부패 경력이 있거나 반개혁적 성향의 사람, 의정 활동 등에서 적절한 기준에 미치지 못하는 사람을 대상으로 공천 반대자 명단을 발표했다. 총선시민연대는 선거법 개정을 촉구하고 위헌적 선거법에 대해 불복종운동을 선언하면서 전국적으로 유권자운동을 전개했다. 그리하여 4.13총선에서 총 86명 중 59명을 낙선시키며 '부패·무능 정치인', '낡은 정치'를 바꾸는 유권자운동 역사에 큰 획을 그었다.

"함께 꾸는 꿈은 현실이 됩니다" – 박원순이 꿈꿔온 세상

2001년 이동통신요금 인하운동

대한민국 통신비 지출이 OECD 가입국 평균의 두 배에 이른다는 사실을 파악하고 이동통신요금 인하 '100만인 물결운동'을 전개했다. 100만 명 온라인 서명을 이끌어 이동통신사업자와 정보통신부가 기본요금을 8.3퍼센트 인하하도록 함으로써 네티즌이 온라인에서 참여하는 새로운 시민운동의 전형을 만들어냈다. 2001년에 시작하여 현재까지 시민과 소비자단체 그리고 네티즌으로 점차 확산되고 있다.

2002년 대선 정치자금 감시운동

국민경선 정치자금 옴부즈맨을 구성하여 전국적으로 회계장부 공개 및 불법선거를 모니터링하는 운동을 벌였다. 대선에서는 최초로 정치자금을 공개하는 선례를 만들어 돈 선거를 추방하고, 불법 정치자금을 근절하기 위한 시민감시운동을 전개했다.

박원순은 특히 참여연대에서 1994년에 국민의 최저생활을 보장하기 위해 노력했던 것이 기억난다고 회고한다. 참여연대는 사회안전망을 확보하기 위한 국민생활최저선 운동을 펼치며, 복지는 국가가 베푸는 은혜가 아닌 국민에 대한 의무임을 천명하였다. 복지는 선진국에서나 가능한 것으로 생각하던 당시에, 참여연대의 이러한

관점은 놀라운 것이었다.

당시 박원순은 문제점을 지적할 때는 구체적으로 하고 그에 대해 상세하고도 구체적인 해결책을 제시하는 것을 지론으로 삼았다. 특별검사제, 재정신청제, 불구속 수사 확대 등 검찰의 수사권이나 기소권 남용을 견제할 방안을 제안한 것이 대표적이다. 이후에 창설한 아름다운재단과 희망제작소의 활동도 이 지론에서 벗어나지 않았다.

참여연대의 활동 중에서 특히 빼놓을 수 없는 것이 낙천·낙선운동이다. 이 단체를 모르는 사람들도 2000년 총선 때 펼친 낙천·낙선운동은 잘 알고 있는 경우가 많다. 박원순을 몰랐던 사람들 중에도 2000년 총선 때 참여연대가 전국 400여 개 시민사회단체와 함께 벌인 낙천·낙선운동은 기억한다.

이같은 활동을 통해 참여연대는 대한민국을 대표하는 시민단체로 발전하였다. '불독연대'는 한번 물면 놔주지 않고 해결을 보고 만다는 의미로 당시 참여연대에 붙은 별명이었다.

경찰청과 함께하는
아름다운

대한민국 기부문화의 시작, 아름다운재단·아름다운가게

"박원순 변호사가 기부 단체를 만든다고?"

참여연대에서 활발한 시민운동을 펼치던 박원순은 어느 날 홀연히 그곳을 떠나 아름다운재단과 아름다운가게를 설립했다. 당시 대한민국에서는 아직 낯설던 '기부' 문화를 전파하겠다는 지향을 담아 만든 새로운 형태의 시민단체였다. 나도 그와 함께 참여연대를 떠나 그곳으로 향했다.

'기부문화', '나눔'이라는 왠지 낯설어 보이는 미지의 세계에 발을 들여놓은 것이다. 박원순은 참여연대에서 그렇게 성공적으로 활동하다가 왜 아름다운재단으로 갔을까? 잘될 것이라는 보장은 어디에도 없었다. 돈도 전문성도 네트워크도 없었다. 황무지나 다름

없는 세계였다. 그러나 이제는 동네 구멍가게에도 '아름다운'이라는 이름을 붙일 정도로 친숙한 시민운동의 성공사례가 되었다.

아름다운재단에서 벌인 박원순의 활동에 대해《코리아타임스》와《연합통신》의 기자로 활동한 김흥숙 시인이 원순닷컴에 정리한 내용을 바탕으로 살펴보자.

세상에서 가장 아름답게 돈쓰기, '기부'

"잘못된 것을 고치는 것만으로는 세상을 살 만한 곳으로 만들 수 없다."

박원순은 하루 24시간 모든 에너지를 참여연대 활동에 쏟아 부으면서도 자신에게 또 다른 꿈이 있다고 말해왔다. 그 꿈의 시작은 더 넓은 세상을 둘러보면서 시작됐다.

하버드 대학의 객원 연구원으로 미국에 머물던 1991년, 그는 우연히 어떤 소설가의 칼럼을 읽다가 'check enclosed'라는 표현을 보게 되었다. 'check enclosed', 단어 그대로 해석하면 '수표 동봉'이란 말이다. 소중하게 봉해져 건네지는 돈, 즉 '기부'라는 뜻이었다.

그때 박원순은 'check enclosed'가 세상에서 가장 아름다운 말이라고 생각했다고 한다. 그날부터 그 단어는 그의 가슴속에 자리 잡았고, 그로부터 몇 년 뒤에 재단이라는 모습으로 싹을 틔웠다.

그가 아름다운재단 설립을 구체적으로 생각하게 된 것은, 1998년에 미국 아이젠하워재단의 초청으로 두 달간 미국을 방문했을 때였다. 그는 애리조나 주 피닉스에서 'Make-A-Wish Foundation', 즉 '소원을 이루어주는 재단'을 찾았다.

그때 백혈병에 걸려 시한부 인생을 사는 어린아이가 있었는데, 그 아이의 꿈은 경찰관이 되는 것이었다. 그런데 살아갈 날이 길지 않으니 꿈을 이룰 가능성이 없었다. 그 사실을 안타깝게 여긴 마을 사람들이 경찰청장에게 그 아이를 명예경찰관으로 임명해달라고 건의했다. 이에 경찰청장이 경찰관복과 임명장을 주어 아이의 소원을 이루어주었다. 그 일을 계기로 '소원을 이루어주는 재단'이 탄생하게 되었다.

그 뒤 한 할머니는 죽으면서 자신의 집을 기부하여 그 돈으로 가난해서 캠프를 못가는 아이를 지원하도록 했다고 한다. 그 기금의 이름은 말 그대로 'Send a kid to camp(아이를 캠프에 보내라)'였다. 그때 박원순는 '재단은 사람이 다른 사람의 소원을 이루어주는 마법과 같은 것이구나!' 하고 생각했다고 한다.

결국 박원순은 1999년에 '세상에서 가장 아름답게 돈쓰기 운동'을 기획하여 우리나라 최초의 시민공익재단인 아름다운재단www.beautifulfund.org 설립을 제안했다. 그리고 2000년에는 '아름다운 1퍼센트 나눔운동'을 시작했다. 2002년, 참여연대가 창립된 지 6년 만에 시민단체로서 확고하게 자리를 잡자 그는 그곳을 떠나 아름다운재

"함께 꾸는 꿈은 현실이 됩니다" – 박원순이 꿈꿔온 세상

단으로 향했다.

아무리 꿈이 있었다고 해도 이른바 잘 나가는 참여연대를 마다하고 새로운 일을 시작하면서 고민이 없었을까?

"변호사 영업이 한창 잘될 때 유학을 떠나거나, 아예 변호사직을 정리하고 시민단체 상근자가 되거나, 한창 활동하던 단체의 사무처장직을 버리는 것이 물론 큰 결단일 수 있습니다. 그러나 내가 가는 길이 분명하고 그 의지가 뚜렷하면 그런 결정은 사소하고 쉬울 수밖에 없습니다. 그래서 나는 언제나 인생이 즐겁고 행복합니다." 2002년 심산 김창숙 선생을 기리는 '심산상'을 수상하는 자리에서 박원순은 이렇게 말했다.

그는 심산상 상금 1천만 원을 아름다운재단에 기부했다. 재단은 이 상금을 씨앗기금으로 '심산 시민운동가상'을 제정, 드러나지 않는 곳에서 우리 사회의 공익을 위해 헌신하는 시민사회단체 활동가를 선정하여 시상해왔다. 이것은 기획하고 조직하고 상을 받으면 다시 새로운 조직을 키우는 박원순식 조직관리의 한 사례이기도 하다.

너와 내가 결국 하나인 아름다운 사회

"혹시 화장품 회사에서 만든 재단인가요?"

'아름다운재단'은 영어로 'Beautiful Foundation'이다. 가끔 이런 식의 자못 심각한 질문을 받기도 한다.

사전적 의미로 '아름'은 양팔로 껴안아서 만든 둘레를 뜻한다. 또 옛날에는 '나답다'라는 의미로도 쓰였다. 그러니 '아름답다'는 '너와 나를 동일하게 여기다'라는 뜻이 된다. 우리가 지향하는 사회는 분명 '아름다운 사회'이다. 겉모습이 화려하고 아름다운 사회가 아니라 '너와 내가 하나가 되는 사회'이다. 그래서 그는 재단 이름도 '아름다운재단'이라고 지었다고 한다.

아름다운재단은 출범과 동시에 '1퍼센트 나눔이 세상을 바꾼다'라는 표어를 내걸고 다양한 기부 캠페인을 시작하였다. 예를 들어 '유서 미리 쓰기'도 이러한 캠페인 가운데 하나였는데, '유언 컨설팅 위원회'를 구성해서 유언에 기부를 포함시키도록 독려했다. 아름다운재단에서는 기부와 나눔을 위한 새로운 캠페인을 끝없이 이어갔다.

인터넷 경매사이트나 포털사이트 등과 공동으로 '사랑나눔' 캠페인을 벌이는가 하면, 지하철 예술무대에서 음악을 곁들인 기부 캠페인을 벌이기도 했다.

MBC와 함께 '365일 따뜻한 세상' 캠페인을 연중 내내 전개하기도 하고, 무의탁 독거노인을 지원하고 저소득 모자 가정의 창업을 지원하는 등 다양하고 새로운 형태의 기부 프로그램을 진행했다.

아름다운재단 시절, 장애우들의 문화활동을 지원하는
'엄홍길의 길사랑 기금' 협약식 장면

국내외서 공로 인정, '막사이사이상' 수상도

이러한 활동 덕에 아름다운재단은 2003년 미국 재단협의체[COF] 해외회원 자격을 취득했고, 한국TV카메라기자협회가 주는 '굿뉴스메이커상'도 수상했다. 그 밖에도 셀 수 없이 많은 사업이 꾸준히 이루어졌다. '아름다운세상 기금'을 지원하여 가게를 개업하게 해주고, '꿈틀기금' 사업 으로 농어촌지역 청소년들에게 온라인 교육을 지원했다.

2005년에는 포털사이트 '네이버[NHN(주)]와 함께하는 기부 포털사이트 '해피빈'을 오픈하여 컴퓨터 사용자들이 쉽게 기부에 참여할 수 있게 하는가 하면, 나눔 교육을 확대하기 위해 초등학교 교사들에게 연수를 시키고 해외 모금 전문가를 초청하여 워크숍도 열었다.

'아시아의 평화상' 이라 불리는
'막사이사이상' 수상을 위해
한복을 곱게 차려입고 선 모습

저소득층 고교생 및 시설 퇴소 대학생을 대상으로 등록금 지원 사업을 실시하고, 장애우들의 문화활동을 지원하기 위한 '엄홍길의 길사랑 기금'도 조성했다. 전부터 하던 일들에 새로운 기금 조성과 기부 활동을 더해 열거하기 어려울 정도로 많은 일을 벌임으로

"함께 꾸는 꿈은 현실이 됩니다" – 박원순이 꿈꿔온 세상

써 많은 이에게 희망의 씨앗을 뿌렸다. 그러한 노력을 인정받아 박원순은 신한카드가 선정하는 '대한민국을 대표하는 아름다운 30인'에 뽑혀 상을 수상하기도 했다. 아름다운재단이 우리나라에서 기부문화를 확산하는 데 기여한 것은 이제 누구도 부인하지 못하게 됐다.

박원순은 이로 인해 나라 안팎에서 귀한 상도 받았다. 국내에서는 만해대상을 받았고, 해외에서는 '아시아의 노벨상'으로 불리는 '막사이사이상' 공공부문 수상자로 선정되었다. 막사이사이상 위원회는 이렇게 그의 공로를 치하했다.

"남한이라는 신흥 민주국가에서 그가 사회정의와 공정한 기업 활동, 정부 부패 청산, 관용 정신 진흥 등을 위해 절조 있게 활동해온 점을 인정해 수상자로 결정했다."

재사용과 기증이 낳은 '좋은 습관'

아름다운재단은 몰라도 '아름다운가게 www.beautifulstore.org'는 사람들이 많이 안다. 아름다운가게는 2002년 3월에 참여연대 대안사업팀이 독립하면서 얻은 이름이다. 나에게 필요 없는 물건이 누군가에게는 귀한 물건이 될 수 있다는 전제 아래, 물품을 기부하면 아름다운가게를 통해 판매하여 재활용되게 하고, 그 수익금으로 사회 구

석구석 필요한 곳을 밝히는 일을 하는 가게다.

2002년 4월, 아름다운가게는 아름다운재단의 유관기관으로 협력체제를 구축했다. 같은 해 10월에는 아름다운가게 1호점이 서울 안국동에 개점했다.

아름다운가게는 2003년 11월에 잠실 올림픽 주경기장에서 20만 명이 참여하는 '지상 최대 벼룩시장'을 개최하여 더욱 유명해졌다. 2008년 7월에는 재단법인으로 독립했으며, 이제는 전국 방방곡곡에 가게를 열었다. 2011년 4월에는 김포에 114번째 아름다운가게가 개점했다.

아름다운가게는 2004년부터 매장을 특화하기 시작했다. 서울 양재역 부근 아름다운가게에서는 '웨딩드레스 상설코너'를 운영하여 유명디자이너의 웨딩드레스를 싼 값에 빌려주고, 파주출판단지에는 헌책 특화 매장인 '헌책방 보물섬'을 만들었다.

경기도 안산 명학점에는 가전제품이 모여 있고, 북한산과 가까운 서울 우이점에는 등산용품들이 많다. 서울 압구정점에는 명품들이 진열되어 있기도 하고, 서초점에는 도자기 등 미술품을 경매하기도 한다.

방학점 2층에는 어린이 도서관을 마련해 놓았으며, 서울 신촌이나 동숭동, 광주 용봉동점은 영업 후 지역 주민이나 학생들에게 공간을 빌려주기도 한다. 현재 전체 아름다운가게 매장의 10퍼센트 정도가 이런 특화매장에 해당된다.

아름다운가게 직원들과 함께

또한 아름다운가게는 공정한 대안무역을 발전시키기 위해 2008년 10월에 국내 최초로 '세계 대안무역회의'를 개최했으며, 가게 수익금으로 국내는 물론 해외의 어려운 사람들까지 돕고 있다.

2008년 5월에는 열대성 태풍 '나르기스'로 피해를 입은 미얀마에 긴급 지원을 했고, 2010년 1월과 9월에는 지진 피해를 입은 아이티에 긴급 구호의 손길을 뻗쳤다. 2011년 3월에 일본이 대지진과 쓰나미 피해를 입었을 때도 아름다운가게에서 성금을 냈다.

2002년 1억 원이던 아름다운가게의 매출은 현재 150억 원에 육박하고 있다.

나누는 손이 아름답다

"울산에서 행상을 하는 분, 구두닦이 아저씨, 심지어 정부 지원을 받는 장애우들도 나눔에 참여하고 있습니다. 수입의 1퍼센트를 내놓는 가게, 유산의 1퍼센트를 기꺼이 기부하는 분도 많습니다. 그 분들을 지켜보면서 나는 이 세상에 나누지 못할 만큼의 가난은 없다는 사실을 새삼 확인합니다. 그들이야말로 진정 인생에서 성공한 사람들입니다."

2000년 8월에 아름다운재단을, 2002년 10월에 아름다운가게를 설립한 박원순은 왜 대한민국에 생소하던 '기부문화'와 '나눔문화'를 전파하고자 했을까? 박원순은 이렇게 말한다.

"진정한 성공의 기준이 되는 잣대는 무엇일까요? 저는 그 기준의 하나는 분명 남과 더불어 살아가려는 마음이라고 생각합니다. 내가 가진 것 중에서 열의 아홉은 누군가에게서 받은 것이라고 생각하며 남과 나누면서 살아가려는 마음. 그 마음을 지닌 사람만이 진정 인생에서 성공한 사람이 아닐까요."

아름다운재단 시절, 늘 백팩을 메고 자전거를 타고 다니던 박원순 변호사. 어느 날 재단의 한 간사가 뒷모습을 찍었다.

"함께 꾸는 꿈은 현실이 됩니다" – 박원순이 꿈꿔온 세상

MA
MAYORS' ACADEMY
2006
시장학교

희망제작소 설립과
시민운동의 확장
– "소셜 디자이너라고 불러주세요"

박원순의 변신은 여기서 그치지 않았다. 아마 그의 일생 중 가장 행복했을 시기를 뒤로 하고, 그는 다시 누구도 예상치 못한 변신을 감행했다. 2006년 3월에 국내 최초의 민간 독립 싱크탱크를 표방하며 또다시 '희망제작소'라는 단체를 설립한 것이다.

서울시장에 출마하기 전까지 그의 마지막 직함이던 희망제작소 상임이사로서 지난 5년여간 박원순은 무엇을 지향해왔을까? 김흥숙 시인의 글을 바탕으로 계속 살펴보자.

신실학운동의 출발, 희망제작소

박원순은 아름다운재단과 아름다운가게를 운영하다가 새로운 단체 희망제작소를 만들었다. 그는 2005년에 미국 스탠포드 대학에서 7개월간 강의를 했는데, 그렇게 오래 자리를 비워도 아름다운재단에서 그를 찾는 일이 없었다고 한다. 그만큼 재단이 스스로 잘 돌아갔다는 뜻이다. 그는 자신이 없어도 잘 돌아가니 계속 있을 필요가 없다고 생각했다.

그는 스탠포드 대학 부근 연구소들을 찾아다니며 새롭게 도전할 거리를 찾았다. 우리나라에 필요한 것이 무엇일까 생각하고 또 생각했다. 결론은 우리 사회에는 총론만 있고 각론이 없으니 각론에 주목하자는 것으로 모아졌다. 아이디어와 자료를 잔뜩 모아 사업계획을 세웠다. 그렇게 희망제작소 설립 준비를 시작했다.

박원순은 '희망'이라는 단어를 무엇보다 좋아한다. '원순닷컴'에 들어가면 '나는 희망합니다'라는 큰 글씨를 발견할 수 있다. 아무리 나쁜 상황에 있는 사람도 '희망'이 있는 한 버텨낼 수 있다는 것이 그의 지론이다. 희망제작소는 바로 그 '희망'을 제작하는 곳이다. 절망한 사람들에게 희망이라는 씨앗을 퍼뜨려 나눠주고 싶어 하다 보니 '희망씨'라는 말도 사용하게 되었다.

"참여연대는 정의로운 사회를 위한 단체이고, 아름다운재단과 아름다운가게는 공정한 분배를 위한 단체입니다. 그 단체들이 크게

정치와 경제라는 두 물줄기를 잡아놓으면, 그 다음에는 우리 사회의 크고 작은 의제들에 대해 정책적 대안을 내고 그것을 실천해야 사회를 바꿀 수 있다고 생각하여 희망제작소를 만들게 되었습니다." 박원순의 말이다.

스스로를 '소셜 디자이너social designer', 즉 사회를 디자인하는 사람이라고 부른 것은 바로 그래서였다. 박원순은 2005년 8월에 희망제작소www.makehope.org를 제안하여 2006년 3월에 공식 출범시켰다. 정부나 기업의 출연금 없이 설립된 독자적인 민간연구소로, 실사구시의 실학정신으로 대안 연구와 그 실천을 병행하는 '21세기 신新실학운동'의 산실을 지향하였다.

희망제작소의 운영도 정부나 기업의 출연금 없이 이어져왔다. 그

"희망제작소의 회원이 되시면 희망을 비추는 별이 됩니다."

래서 늘 재정구조가 불안정하고 취약한 측면이 있었다. 그러나 시민회원들의 후원과 지지가 많아진 덕에, 희망제작소는 연구하고 행동하는 독립연구소로 성장할 수 있었다. 이미 헤리티지재단을 비롯한 외국의 유수한 연구소들도 후원회원들의 힘으로 운영되고 있다. 희망제작소도 그 길을 가려는 것이다.

희망제작소는 시민의 힘으로 움직이는 '시민참여형' 연구소이다. 거대한 담론이나 관념적인 이론이 아닌 구체적인 현실에서 변화를 이끌어내고자 한다. 중앙이 아닌 지역에서, 큰 것이 아닌 작은 것에서, 책상이 아닌 현장에서 문제를 분석하고 대안을 찾는다.

지역과 농촌이 살아나면 식량, 환경, 주택, 교통 문제가 크게 개선될 수 있다. 희망제작소에서는 작은 기업이 튼튼하게 서고 퇴직자들이 제2의 인생을 시작할 수 있다면 지금과 다른 경제, 다른 세상이 가능하다고 믿는다.

모방을 넘어 창조로, 희망제작소가 지향해온 것

예를 들어 '행복설계아카데미'라는 교육 프로그램이 있다. 전문직에 종사하다가 퇴직하거나 퇴직을 앞둔 이들이 봉사와 참여를 통해 자신이 가진 경험과 전문성을 사회와 함께 나누며 새롭게 제2의 삶을 살 수 있도록 돕는 곳이다. 대기업 임원이 여성단체 활동가가

되고, 중소기업 CEO가 장애아동
을 위한 전문사진작가가 되는 기
적이 일어나는 학교다.

또한 '소셜 디자이너 스쿨'은 사
회를 변화시키고 싶어 하는 사람
들에게 구체적인 교육을 제공하는
학교이다. 2010년 봄에 당시 카이
스트 석좌교수이던 안철수 원장이

제6기 소셜 디자이너 스쿨 포스터

제6기 소셜 디자이너 스쿨의 개강 특강을 하여 젊은이들을 감동시
킨 바 있다.

'희망아카데미'는 현직 지방자치단체장과 공무원들은 물론 지방
의원이나 자치단체장이 되고자 하는 이들에게 배움의 기회를 제공
하는 프로그램이다. '좋은 시장 학교'나 '남양주 시민참여 행정6급
팀장 교육'을 비롯하여 사회 각계각층에 필요한 교육 프로그램들을
운영하고 있다. 강의실에서 강의를 듣고 국내외 현장을 직접 둘러
보며 정보와 지식을 얻은 뒤에 현장으로 돌아가는 연수 프로그램들
도 있다.

특히 '좋은 시장 학교'는 시장, 구청장, 지방의원 등 지역사회를
위해 일하고 싶은 사람들이 그 일을 잘할 수 있도록 미리 대비시켜
주는 유일한 학교이다. 지방선거에서 승리하는 법부터 어떻게 해야
좋은 시장, 좋은 단체장이 될 수 있는지를 이곳에서 배울 수 있다.

"함께 꾸는 꿈은 현실이 됩니다" – 박원순이 꿈꿔온 세상

‘좋은 시장이 되기 위한 십계명’을 보면 시장 학교가 어떤 곳인지 짐작할 수 있다. 아마 그도 지금쯤 이 십계명을 다시 새겨보고 있지 않을까?

좋은 시장이 되기 위한 십계명

1. 청렴하면 탈이 없다. 돈 보기를 돌같이 하라.

2. 사람이 일을 한다. 천하의 인재를 모아라.

3. 시장이 공부하는 만큼 지역은 발전한다.

4. 잘 설계된 시정 밑그림이 10년을 좌우한다.

5. 선택과 집중, 리더십의 핵심이다.

6. 창조적 대안 없이 지역의 미래는 없다.

7. 허리를 굽혀라.

8. 지방의회와 시민단체는 시정의 동반자이다.

9. 주민참여가 지역 발전의 원동력이다.

10. 재선 생각을 버리면 그 너머가 보인다.

그러나 희망제작소는 앞서 기술한 것처럼 어려움에 봉착하게 됐다. 내부보다는 외부의 압박과 자극이 박원순에게 또 다른 길을 열게 한 것이다. 그가 생각한 ‘가치’의 훼손은, 그를 인권변호사 시절의 그 치열한 삶으로 돌아가게 하는 동인이 되었다.

그리하여 박원순은 항상 메고 다니던, 자료와 메모지로 꽉 찬 백

팩을 잠시 놓아두고 등산 배낭을 메고 나섰다. 희망제작소에서 백두대간 종주 길을 떠난 박원순은 산속에서 비를 만났고, 사람들의 눈물을 보았고, 세상의 소리를 들었다. 안철수 원장과 '아름다운 합의'를 이루기까지의 과정은 세상에 출사표를 던지는 그의 진실한 결단이 있었기에 가능하였다.

이제 그 이야기를 시작해본다.

"함께 꾸는 꿈은 현실이 됩니다" – 박원순이 꿈꿔온 세상

오늘 하루도
어 많이
쓰셨습

Part 3

'새로운 서울을 만드는 희망캠프'가 움직이다

시민과 함께하는 선거의 장으로

박원순 펀드 모금은 기적과 같은 일입니다. 돈도 조직도 없는 박원순에게 시민 여러분이 말씀하신 겁니다. "우리가 돈이 되고 조직이 되어주겠다." 깊은 감동을 받았습니다. 무거운 책임감을 느꼈습니다. 이것이 새로운 시대의 선거운동이라는 것을 절감했습니다. 또 한 번 다짐했습니다. 온 힘을 다해 말씀드립니다. "돈을 넘어 조직을 넘어 시민과 함께하겠습니다."

안철수와 '아름다운 합의'

뜻밖의 소식이 들려왔다.

9월 1일부터 안철수 원장(서울대학교 융합과학기술대학원 원장)의 서울시장 보궐선거 출마설이 나돌기 시작했다.

"제가 이미 생각을 굳히고 원로들에게도 다 이야기해놓은 상태인데, 안철수 원장이 출마한다는 이야기가 나와 상당히 충격을 받았습니다. 만일 제가 주변에 알리기 전에 그 사실을 알았더라면 제가 먼저 접었을 것입니다."

박원순은 나중에 이렇게 말하였다.

안철수 원장의 출마설이 나오다!

당시 백두대간 종주 중인 박원순과 독대하면서 나는 안철수 원장이 출마한다고 하니 사실이 맞는지 이메일을 보내보라고 말씀드렸다. 박원순은 안철수 원장에게 이메일을 보냈다. 출마할 것이라는 답장이 바로 왔다. 박원순은 자신이 출마하려는 이유를 써서 다시 안철수 원장에게 보냈다. 그리고 곧 백두대간에서 내려갈 테니 그때 만나자는 약속을 하였다.

안철수 원장과 주고받은 이메일에는 이미 안철수 원장이 서울시장 출마를 양보할 듯한 기색이 담겨 있었다고 한다. 9월 2일에 이메일을 주고받았는데, 이메일을 주고받았다는 기사가 박원순과 안철수 원장이 만나기 전에 이미 보도되었다. 박원순이 서울시장 출마 의사를 밝힌 것이 먼저 기사화되면서 마치 안철수 원장과 자리다툼을 하는 것처럼 언론에 보도된 것이다.

그때부터 기자들이 윤석인 부소장에게 전화를 해오기 시작했다. 윤 부소장은 졸지에 언론 담당이 되어버렸다. 《한겨레》 정치부장 출신이라는 타이틀 때문에 자연스럽게 그런 역할을 맡게 된 것도 있었다. 그런데 갑작스레 역할이 집중되다 보니 정신이 없을 수밖에 없었다. 기자들에게 관련 내용을 전달하는 과정에서 오류와 오해도 생겨났다.

여하튼 그 무렵부터 급박하게 선거캠프를 구성하기 시작했다. 9

월 3일, 먼저 선거캠프 사무실
로 쓸 공간을 알아보기 시작했
다. 가장 먼저 이런 논의를 시
작한 사람이 오성규 씨와 박진
섭 씨였다. 사실 아무것도 준
비된 것이 없었다. 상황이 급
박하다보니 선거캠프의 내용
을 채우기보다 주로 안철수 원
장이 앞으로 어떤 태도를 보일
것인가에 대한 추측성 논의가
이어졌다.

　당시 박원순 주변의 대다수의 사람들은 안철수 원장이 양보하지
않을 것이라고 예측했다. 그러나 나와 오성규 씨는 안철수 원장이
양보할 것이라고 단언했다. 다른 사람들은 안철수 원장이 출마를
고집할 것이니, 그럴 경우 박원순도 나갈 것이라는 뜻을 명확히 전
달해야 한다고까지 했다.

　안철수 원장이 나오지 않을 것이라는 의견은 소수의 목소리에 그
쳤다. 안철수 원장과의 만남에 대한 시나리오를 생각해야 했다. 잘
못 대처했다가는 출마를 결심한 뜻마저 어그러질 수 있었다.

　박원순이 백두대간에서 내려온 날은 9월 5일이었다. 윤석인 부소
장, 하승창 씨 등이 모시러 갔다. 나중에 들어보니 하산하는 것을

어떻게 알았는지 《조선일보》 기자가 산까지 찾아왔다고 한다.

그가 백두대간에서 돌아온 날, 각종 매체에서 여론조사 결과를 보도하기 시작했다. '야권 서울시장 후보 지지율 안철수 50퍼센트, 박원순 5퍼센트.' 게임이 되지 않을 정도였다.

내부에서는 박원순에 대한 인지도가 너무 낮으므로 출마해도 문제, 이제 와서 사퇴를 해도 문제라는 이야기까지 나왔다.

그리고 안철수 원장과 만나는 날이 다가왔다.

숨 막히던 만남, 그리고 아름다운 합의

9월 6일, 박원순이 안철수 원장과 만나기로 한 장소는 세종문화회관이었다. 그런데, 알고 보니 안철수 원장과 '시골의사' 박경철 원장이 그 장소를 미리 예약해둔 상태였다.

당시 온라인 상에서는 안철수 원장의 서울시장 출마 배경에 대해 한때 여권의 정책통으로 일컬어지던 윤여준 전 환경부장관이 뒤에서 조정하고 불교계에서 명망이 높은 법륜 스님이 밀어주면서 함께 만들어낸 시나리오라는 이야기도 회자되었다.

안철수 원장을 비판하는 세력들은 윤여준 씨를 공격하였다. 하지만 안철수 원장은 "윤여준 씨는 수많은 멘토 중에 한 분일 뿐"이라고 선을 그었다.

한편 안철수 원장과 만남을 가진 뒤로 호사가들 사이에서 '박원순 수염'이 회자되기도 했다. 백두대간 종주 동안 수염이 덥수룩하게 자란 그에게 수염을 깎고 안철수를 만나라는 권유가 그의 주변에서도 분명 있었다. 하지만 박원순은 그 조언을 실천하지 못했다. 특별한 이유는 없었다. 온 정신을 집중하여 만남의 순간에 대비하려니 수염을 깎을 만한 여유가 없었던 게 이유라면 이유였다. 그만큼 긴급한 시간이었다.

그리고 누구도 생각하기 힘든 일이 벌어졌다.

"아무 조건 없이 제가 출마하지 않겠습니다. 박 변호사님을 잘 아니 더는 설명하지 않으셔도 됩니다. 저는 변호사님의 의지가 얼마나 굳건한지 확인하고 싶었을 뿐입니다."

기존에 보아온 '정치'의 틀 안에서는 도저히 상상할 수 없는 결과였다. '정치적 상식으로는 납득하기 어려운 일'이라는 언론의 보도가 나올 정도였다. 20분간의 대화, 그리고 아름다운 합의. 한국 정치사에서 유례를 찾기 힘들 만큼 최단 시간에 이뤄진 단일화 논의였다.

나중에 박원순의 말에 따르면, 안철수 원장과 대화하기로 한 장

안철수와 박원순의 '아름다운 합의'

'새로운 서울을 만드는 희망캠프'가 움직이다

소인 세종문화회관까지 함께 걸어가는데 그가 아무 말도 하지 않아 조금 불안했다고 한다. 그런데 세종문화회관에 도착해서 자리에 앉자마자 안철수 원장이 서울시장에 출마하지 않겠다고 먼저 이야기했다고 한다. 박원순 자신이 당황스러울 정도였다고 했다.

안철수 원장과 만난 직후, 잘 알려진 것처럼 한명숙 전 총리와도 만남을 가졌다. 그리고 한명숙 전 총리도 대의를 따랐다.

한때 트위터 등에서는 "왜 5퍼센트 지지도밖에 안 되는데 양보하지 않느냐?"라며 비난이 일기도 하였다. 하지만 이와 별도로 박원순에 대한 지지도는 안철수 원장 덕분에 40퍼센트 넘게 급상승하였다.

안철수 원장과의 '아름다운 합의'를 두고 당시 나온 기사 중에는 이런 관측도 있었다. 박원순에게 손학규 민주당 대표가 입당을 권유해서 사전에 만났다는 것과 박원순은 서울시장, 안철수 원장은 대권을 노린다는 것이다. 그러나 박원순에게 직접 확인해보니, 손학규 대표를 만난 일은 없었다고 한다. 아마도 당시 민주당 측에서 흘린 일설이 아닌가 싶기도 하다.

결론적으로 세간에 떠도는 이야기처럼 박원순과 안철수 간에 사전 교감이 있었던 것이 전혀 아니다. 박원순은 이를 매우 솔직하게 털어놨다. 그는 9월 8일에 서울 상암동 오마이TV 스튜디오에서 오연호《오마이뉴스》대표기자와 대담을 하면서 당시의 상황과 안철수 원장에 대한 고마움을 전했다.

박원순은 "안철수 원장이 이메일을 통해 '시골의사' 박경철 원장과 함께 만나고 싶다는 입장을 보내왔길래, 이번 문제는 안 원장 혼자가 아니라 함께하는 분들이 같이 결정해야 해서 힘들지 않겠나 싶은 생각이 들었던 것도 사실"이라고 고백했다.

그리고 "아무리 개인적으로 (서로 신뢰하는) 관계가 있더라도 자신의 지지율이 압도적인 상황에서 어떻게 자신의 입장을 딱 한마디로 정리할 수 있겠는가?"라며, "안 원장이 정말 훌륭한 것"이라고 말했다.

천운이었다. 하늘이 도운 것 같다는 생각 외에 그 어떤 말이 필요하겠는가.

박원순과 안철수의 닮은 웃음

선견지명인지 2년여 전인 2009년 6월,《한국일보》칼럼난에 김흥숙 시인이 '박원순과 안철수'라는 제목으로 글을 쓴 적이 있다.

그전까지 정치적 발언을 삼가던 당시 박원순 희망제작소 상임이사가 현 정부에 대해 말문을 열기 시작한 때였다. 그리고 안철수 원장이 사회에 의문을 던지기 시작한 시기이기도 했다.

김흥숙 시인은 이를 연결해서 두 사람은 웃음이 닮았다고, 둘의 공통점은 '바보스런 웃음'이라고 썼다. 그 내용이 새롭게 다가오는 지금, 김흥숙 시인의 글을 소개해본다.

　원래는 물이나 법 얘기를 하려 했습니다. 이른바 '4대강 살리기' 사업이나, 광우병 관련 방송 프로그램 제작진을 기소하고 시국선언을 한 교사들을 처벌하는 데 쓰는 '법'이란 걸 들여다보고 싶었습니다. 그러다 박원순 희망제작소 상임이사의 인터뷰 기사를 보았습니다. 정치적 얘기를 도통 하지 않던 시민운동가가 '권위적이며 편향적이며 갈등 유발적인' 현 정부의 변화를 촉구하고 있었습니다. 기사를 읽다 보니 1주일 전에 텔레비전에서 본 안철수 카이스트KAIST 교수가 생각났습니다.

　안 교수는 문화방송 〈무릎팍도사〉에 출연해 자신의 '비효율적'인 삶에 대해 얘기했습니다. 의사에서 컴퓨터 백신 개발자로 진로를 바꿔 보안 소프트웨어 회사인 '안철수연구소'를 운영하다가 미국에 유학가서 경영학 석사MBA를 따고 돌아온 뒤 카이스트의 석좌교수가 되었으니 한 우물을 파는 '효율적' 삶이 아니었다는 겁니다.

　20대에 의사로서 바쁜 일상을 보내면서 밤잠을 줄여 컴퓨터 바이러스 백신을 개발한 얘기, 바이러스와 싸우는 데 열중해 가족에게 군대에 간다고 말하는 것도 잊고 입대한 얘기, 1천만 달러를 줄 테니 연구소를 넘기라는 외국 기업의 제안을 받았으나 한국 백신 사업과 직원들을 지키기 위해 거절한 얘기……. 그중에서 무엇보다 미래에 대한 두려움을 부추겨 젊은이들의 패기를 꺾고, 한 번 실패한 사람에게는 패자부활전을 허용하지 않는 우리 사회에 대한 비판이 가슴을 울렸습니

다. 시종일관 아이 같은 웃음을 짓던 안 교수가 그 애기를 할 때는 심각한 얼굴이 되는 게 인상적이었습니다.

안 교수와 박원순 이사는 종류가 다른 천재들이지만, 두 사람의 트레이드마크인 사람 좋은 웃음은 참 닮았습니다. 박 이사의 바보스런 웃음을 보면 저런 사람이 어떻게 서슬 퍼런 1970년대에 학생운동을 하다 학교에서 쫓겨났을까 궁금해집니다. 다른 대학에 입학하여 사학도로 졸업한 후 런던 정경대^{LSE}에서 국제법 학위를 따고 하버드 대학 법대 객원 연구원을 지낸 다음 사법고시에 합격했으니, 시민운동에 투신하지 않았으면 지금쯤 부자 변호사가 되었을 겁니다.

좋은 정치는 좋은 바퀴와 같아 소리 없이 세상을 나아가게 하지만, 나쁜 정치는 세상을 악화시켜 보편적 삶을 개선하기 위해 헌신하는 사람들까지 정치적 행위를 하게 합니다. 정치의 팽배는 사회 각 분야에서 발휘되어야 할 천재才의 낭비를 초래합니다.

정치는 물처럼 자연스럽게 흘러야 하고 법의 적용 또한 그래야 합니다. '정치政治'와 '법法'이라는 글자 안에 '물 수水'가 들어 있는 이유가 그것입니다. 물의 길과 질을 바꾸는 사업 대신 물처럼 자연스런 법과 정치를 보고 싶습니다. 안 교수와 박 이사의 바보 같은 웃음을 언제까지나 보고 싶습니다.

'새로운 서울을 만드는 희망캠프'가 움직이다

'희망캠프' 결성과
대박 난 '박원순 펀드'

9월 6일에 안철수 원장과 합의를 이루고 나자 선거판이 급속히 전개되었다. 박원순은 서울시장으로, 안철수 원장은 대권으로 보내라는 이야기까지 돌았다. 안철수 대 박근혜의 대선 여론조사 결과가 바로 나오기도 했다.

여론의 앞서 가는 이야기와 상관없이 박원순은 이때 불안했던 것 같다. 선거캠프에 먼저 모이기 시작한 사람들은 주로 시민단체 운동가들이었다. 이들이 선거운동 전문가들이 아니었기에 과연 짧은 시간 안에 선거를 잘 치러낼 것인가 하고 걱정했던 듯하다.

'우왕좌왕'하던 선거캠프 초기

정치는 시민단체 운동방식하고는 매우 다르다. 선거 준비 기간에는 짧은 시간 안에 고급정보를 소화해서 한 시간 만에 정책을 제시할 수도 있어야 한다.

박원순은 참여정부와 민주당에서 선거를 준비했던 팀을 만났다. 그리고 선거 전략, 후보 일정, 공고 및 상황 등을 담당할 팀은 김윤재 변호사에게 맡겼다.

초기에 선거캠프에서 가장 역할을 많이 한 사람은, 시민단체 출신인 오성규 씨와 박진섭 씨였다. 이들의 판단과 역할이 컸다. 희망캠프 초기 이들과 나는 하루에 두세 시간 정도밖에 잠을 못 잤다. 그렇게 박원순과 몇 차례 회의를 거듭하면서 캠프의 전열을 차츰 가다듬어갔다.

본격적인 선거캠프 사무실은 전에 시민단체들이 주로 기자회견

장소로 많이 활용하던 안국빌딩 바로 옆의 느티나무 카페가 있던 곳으로 옮겼다. 소통에 의미를 둔 '시민단체

식’ 또는 ‘박원순식’ 개방형 사무실이었다.

선거캠프에는 유시민 전 장관을 돕던 사람이 와서 합류하기도 했는데, 그들도 기존 정치권에서 일하던 사람들인지라 처음에는 이런 분위기를 이해하지 못했다. 느티나무 카페 선거캠프 사무실 공간에 대해 너무 귀족적(?)이라는 의견부터 보안 문제 등에 이르기까지 뒷말이 많았다.

심지어 어떤 이는 “내가 후보자 캠프의 일원이었다면 이런 사무실 공간은 망치로 모두 깨버렸을 것”이라고 말하기도 했다. 소통을 강조한 나머지 선거캠프 사무실을 누구에게나 개방한다면 심각한 보안 문제가 발생할 수도 있다는 지적이었다.

후보자에게 아닌 것은 아니라고 정확히 말해야 한다고, 그것이 그를 위한 것이라는 말도 귀에 들어왔다. 결국 이후에 다시 안국빌딩에도 별도의 사무공간을 두게 되었다. 박원순의 고집도 살짝 꺾일 수밖에 없었던 셈이다.

뒤에 기술하겠지만, 사실 박원순이 봉하마을에 간 것도 말이 많았다. 한편에서는 왜 굳이 봉하마을에 가는 일정을 지금 넣어야 했느냐는 이야기가 나왔다. 당시 민주당 측에서 볼 때는 적이 될 수 있었으니 말이다. 실제로 거기서 기자선언문까지 발표하니 민주당 측에서 반감을 드러내었다. 반면에 봉하마을 방문 일정을 짠 사람들은 이런 비판에 불쾌함을 나타내기도 했다.

또 일부에서는 무소속으로 나설 경우 정당 보조금이 없으니 법정

선거비용 이외에 초과된 돈은 고스란히 빚으로 돌아갈 텐데, 약간의 시행착오라도 생기면 그 책임은 후보에게 모두 돌아간다는 점을 우려해야 한다는 목소리도 나왔다.

한때는 외부에서 파워게임이 벌어지고 있다는 이야기도 나돌았다. 일부에서 우리를 영업적 관계나 정치적 관계로 판단하기도 했다. 그러나 우리는 그렇게 생각하지 않았다. 선거에 승리하는 것이 이번 판에서 가장 중요한 일이었다. 내부에서 서로 헐뜯는 것이 아닌 바른 정치를 위한 논의가 필요하다는 데 중지를 모았다.

사실 처음에는 아무것도 없었다. 사람들만 있었을 뿐이다. 특히 자원봉사자들을 보면 밝혀지지 않았을 뿐 실제 이력이 대단한 사람들이 많았다. 명예교수가 선거캠프 안내데스크를 맡기도 했다. 초기에 캠프가 우왕좌왕했던 나머지, 일을 도우러 왔다가 정확한 업무가 주어지지 않아 상처받고 돌아간 사람들도 많았다. 박원순은 누구보다도 이들에게 가장 미안한 생각을 가졌다.

드디어 출마 선언, '사람을 위한 도시'로

"서울시민이 원하는 변화를 만들겠습니다. 지난 10년이 도시를 위해 사람을 잃어버린 10년이라면, 앞으로 다가올 10년은 사람을 위해 도시를 변화시키는 10년이 되어야 합니다. 시민의 아픔을 치

유하고 보듬는 시장이 되겠습니다!"

2011년 9월 21일, 서울. 변화의 시나리오가 시작되었다.

이날 오전 서울 효창동 백범

박원순 서울시장 예비후보 출마 기자회견 장면

기념관에서 박원순은 '10.26 서울시장 보궐선거' 출마를 공식 발표하는 기자회견을 가졌다.

그는 ▲전시성 토건 예산 삭감·복지 투자, ▲친환경 무상급식정책 추진, ▲일자리 창출을 위한 정책 지원, ▲자연형 한강 복원, ▲재개발의 과속추진 방지, ▲SH공사 개혁을 통한 전세난 최소화 등의 여섯 가지를 공약으로 내세웠다. 이날 발표된 '박원순 서울시장 예비후보 출마 기자회견문' 일부를 옮겨본다. 여기에 박원순의 비전이 함축되어 있다.

박원순 서울시장 예비후보 출마 기자회견문

서울시민 여러분, 반갑습니다.

저는 오랫동안 가난한 사람과 부자가 더불어 살아가는 공동체, 생태

'새로운 서울을 만드는 희망캠프'가 움직이다

아마도 저 혼자만의 꿈은 아닐 것입니다. 꿈은 혼자서 꾸면 몽상에 지나지 않지만, 함께 꾸면 현실이 되는 법입니다. 이제 그 꿈을 함께 꾸고 함께 실현하는 이 새로운 역사의 물결에 함께하지 않으시렵니까?

서울시장 예비후보로 등록한 후 서울 시내 곳곳에서 경청투어라는 이름으로 시민들을 만나고 있습니다.

그저께 수유시장에서 만난, 손등에 세월이 박힌 어느 아저씨는 "평범하게 사는 것이 이렇게 어려운지 몰랐다."라고 하셨습니다. 남대문 상가에서 만난 한 아주머니는 "삶이 무너져 내린다."라고 말하기도 하셨습니다.

서울살이에 지친 사람이 늘어만 가고 있습니다. 많은 서울시민이 서울을 떠나야 할지도 모른다는 불안감에 휩싸여 있습니다. 전셋값을 더 올려줘야 한다니, 퇴근길마다 절로 한숨이 나옵니다.

부모 부담 좀 덜어주겠다고 아르바이트를 몇 개씩이나 뛰는 아이들의 가슴에 멍이 맺힌 것도 오래전입니다. 오늘은 대학생이 아니라 아르바이트생으로, 내일은 비정규직으로 살아갈 아이들 앞에서 우리는 한없이 부끄럽기만 합니다.

고단한 삶에 아프고 지쳐버린 사람들, 그 사연이 어디 이뿐이겠습니까. 버티고 버티다 결국엔 가게 문을 닫고 절망하는 자영업자와 재래

시장 상인들, 아무리 허리띠를 졸라매도 감당할 수 없는 물가에 속이 타들어가는 주부들, 서민을 쫓아낸 것도 모자라 자취방마저 삼켜버린 뉴타운 개발로 고시원이나 쪽방촌으로 밀려나는 대학생들, OECD 국가에서 행복지수가 가장 낮은 어린이와 청소년에 이르기까지, 서울은 결국 사람을 잃었습니다. 상처투성이의 도시가 되었습니다.

한마디로 서울의 현실은 '아픔' 그 자체입니다. 저는 그 아픔을 치유하고 보듬는 시장이 되겠습니다. 서울시장이란 서울살이가 힘든 사람들에게 힘이 되어주는 자리, 거칠고 팍팍한 삶에 지친 사람들에게 용기를 주는 자리입니다. 정직하고 성실한 사람들의 소박한 꿈을 찾아주는 자리입니다

기꺼이 시민 여러분의 곁으로, 낮은 곳으로 내려가는 시장이 되겠습니다.

'새로운 서울을 만드는 희망캠프'가 움직이다

투명성과 낮은 자세, 소통의 리더십

서울시장 출마를 공식화하면서 박원순 변호사는 투명성과 낮은 자세를 핵심적으로 강조하였다. 기성정치와의 차별성으로 승부해야 하는 만큼 낮은 자세와 투명한 선거를 통해 서울시민에게 다가가겠다는 계획이었다.

선거캠프의 정식 명칭이 나왔다. '새로운 서울을 위한 희망캠프'. 누구나 선거운동에 참여할 수 있도록 캠프를 투명하고 공개적으로 운영하도록 하였다. 이는 아직 정당에 편입되지 않은 무소속 신분을 유지함에 따라 발생하는 자금이나 조직상의 어려움을 해소하기 위한 방편이기도 했다.

이러한 맥락에서 안국동에 마련된 선거사무소도 각 팀에서 어떤 일을 하고 있는지 훤히 들여다볼 수 있도록 공개형 구조를 유지했다. 희망캠프에 찾아오는 자원봉사자들에게 캠프를 안내하고 역할을 배분하는 담당자를 따로 둘 정도로 자원봉사자 조직화에 각별히 신경쓰기 시작했다.

그리고 박원순은 서울시민들에게 새로운 길을 제시하기 시작했다. 바로 '소통의 리더십'이었다.

저는 시민들이 새로운 리더십을 소망한다고 생각합니다. 21세기의 새로운 리더십은 혼자서 모든 것을 다하는 게 아닙니다. 지시하고 군

림하는 그런 시장
의 시대는 갔다고
생각합니다. 팀워
크를 갖추고 희생
과 헌신과 협동으
로 힘을 모아야
합니다. 저는 서
울시의 어마어마

2011년 9월 22일 CBS 인터뷰 장면

한 공무원 조직과 또 여러 산하 조직들, 이런 것들을 사실 시장 한 사람의 능력 안에서 다 처리할 수 없다고 생각합니다. 사실 그것이 가능하다고 생각한 사람들이 만들어낸 소통의 부재나 독선이 오늘날 서울시에 많은 문제를 낳았다고 봅니다. 창조적인 행정, 시민들을 위한 행정을 위해, 저는 정말 공무원들이 자율적이고 창의적으로 일할 수 있는 그런 시스템을 만들어줘야 한다고 생각합니다.

시민이 손님은 아니잖아요. 시민이 주인이 되어야지요. 그래서 저는 시민이 손님으로 있는 게 아니라 행정의 각 영역에서, 각 단계에서 역할을 담당할 수 있도록 모시고자 합니다. 그것이 제가 생각해온 소통입니다.

쏟아지기 시작한 언론과의 인터뷰에서 박원순은 그만의 비전을 이야기했다. 그리고 '경청투어'라는 실천에 들어갔다.

'새로운 서울을 만드는 희망캠프'가 움직이다

경청투어를 시작하다

　백두대간에서 '들음'을 깨닫게 된 박원순은 이를 '경청투어'로 현
실화시켰다. 경청투어라는 이름으로 서울 곳곳을 누비기 시작했다.
　9월 22일에 '두꺼비 하우징 시범단지'를 방문하면서 본격적인 경
청투어에 들어갔다. 관계자들과 직접 면담하면서 다세대주택단지
를 지역공동체로 개발하는 두꺼비 하우징 사업이 점진적 주거개발
의 모델이 될 것임에 주목하고, 주요 공약사항에 즉각 반영했다.
　또 동네 텃밭과 골목길을 다니며 사업 관계자와 주민, 구청 관계
자와 대화를 나눴다. 그리고 주차 문제나 교육환경 등에 대한 주민
들의 건의를 받아 적으며 영국 등 해외의 마을기업 사례를 소개하
기도 했다.
　그는 경청투어에서 주민의 의견을 듣기도 하고 본인의 아이디어
를 소개하기도 하면서, 향후 서울시의 나아가야 할 방향을 함께 고
민하는 모습을 보여줬다. 기성 정치인들과 차별화할 수 있는 선거
운동방법이 어떻게 다른지 몸으로 보여준 것이다.
　또 경청투어의 일환으로 9월 25일 서울 마포구에서 진행된 '성미
산 마을 타운홀 미팅'이 기억에 남는다. 도시형 공동체로 잘 알려진
성미산 마을 주민들의 초청으로 이뤄진 것이었다.
　이날 성미산 타운홀 미팅은 '우리가 시장이다!'라는 제목으로 진
행되었다. 1천만 서울시민이 모두 서울시장이라는 취지로 기획되

성미산 타운홀 미팅(경청투어)

었는데, 박원순의 '시민이 시장입니다'라는 슬로건과 아주 잘 맞아 떨어지는 주제가 아닐 수 없었다. 그가 큰 힘을 얻은 것은 두말할 나위 없다.

경청투어는 서울시장 통합야권 경선과 본선 내내 진행됐다. 그는 백두대간에서 자연의 소리에 귀를 기울였던 것처럼, 시민들의 생생한 삶에 귀 기울이며 자신의 이야기로 체화하고자 했다. 경청한 내용을 적은 수첩이 계속 쌓여갔고, 그것은 공약으로 만들어져 앞으로 실천할 과제가 됐다.

경청투어라는 새로운 방식은, 앞으로도 새로운 정치, 새로운 선거의 전형으로 남을 것이다.

"박원순 펀드 '돌풍' …사흘 만에 목표액 38억여 원 넘겨"(《한겨레》 2011년 9월 28일자)

감동의 역사가 만들어지기 시작했다.

선거에는 막대한 돈이 필요하다. 특히 정치 신인들에게는 정치자금법의 규정에 따라 후보등록 전에는 후원회를 둘 수도 없다. 후보등록을 하려면 법정선거비용 38억 8,500만 원이 필요했다.

"시민들에게 10만 원씩 투자를 받자."

시민들의 자발적 참여를 이끄는 방식으로 자금을 충당키로 했다. 2010년 6.2 지방선거 때 유시민 당시 경기지사 후보가 처음으로 도입한 방식으로, 일종의 '정치인 펀드'였다. 후보자 개인이 적절한 이자를 주고 돈을 빌려 쓴 뒤 선거가 끝나고 갚는 금전 거래 방식이다.

정치후원금과 달리 교사나 공무원도 자유롭게 참여할 수 있고, 선거관리위원회에서도 정치자금법 위반으로 볼 수 없다는 입장이었다. 처음엔 최소 금액을 낮춰서 시민들의 참여를 늘리자는 이야기도 나왔지만, 돈을 빌리고 이자를 준다는 개념에 충실하기 위해 최소 약정 금액을 10만 원으로 정했다.

9월 26일 정오에 '박원순 펀드'가 개설되었다. 말 그대로 폭발적 반응이었다! 오픈 47시간 만에 5,778명이 목표액 38억 8,500만 원

을 실입금했다. 펀드 약정 웹사이트가 다운되는 소동을 겪기도 했다. 입을 다물 수가 없었다. 전체 가입자의 절반 이상이 최소 약정 금액인 10만 원을 투자했다.

약정액을 기준으로 하면 7,211명이 45억 2,300만 원을 약정했으나, 법정선거비용을 초과하는 금액은 선거운동에 쓸 수 없었다. 박원순 펀드는 10.26 선거 뒤 두 달 안에 연 3.58퍼센트의 이자를 적용하여 원금과 함께 갚을 예정이다. 물론 모든 이자는 박원순 변호사가 부담한다.

박원순 펀드는 국내외 어디에서든 누구나 참여가 가능했다. 원순닷컴의 펀드 게시판에는 서울뿐 아니라 전국에서 '곗돈을 보냈다', '인도여행 갈 돈을 보냈다' 등 갖가지 사연이 1,500여 개나 올라왔다. 미국과 독일 등 외국에서 돈을 보내온 이들도 있었다. 새로운

'새로운 서울을 만드는 희망캠프'가 움직이다

정치, 새로운 선거를 향한 기대와 염원이 단지 서울시장 선거에 국한되지 않는다는 사실을 새삼 확인한 순간이기도 했다.

박원순은 9월 28일 오후 트위터를 통해 "박원순 펀드가 마감됐습니다. 여러분과 함께 만들어낸 결과입니다. 여러분, 정말 대단하세요."라는 글을 남겨 감사인사를 전했다. 그날 저녁, 그는 눈물을 쏟을 수밖에 없었다.

그러나 마냥 감동만 하고 있을 순 없었다.

그리고 단일화 경선룰의 대승적 수용

"정치가 내 뜻대로 되는 것은 아닌 것 같다. 우리의 운명인 것도 같다."

9월 24일, 박원순 펀드의 감동을 느끼기에 앞서, 박원순은 야권 단일후보 국민참여경선과 관련해 민주당의 야권 단일화 경선룰을 대승적으로 수용했다. 당시 그와 통화하면서 사실 아찔한 느낌을 받았다. 경선이 순탄하지 않을 것이라는 예감이 들었기 때문이다. 하지만 박원순의 목소리는 담담했다. 다시 자신에게 연결되어 있는 그 '운명'의 끈을 느끼는 듯했다.

야권 단일후보 국민참여경선은 박원순이 돌파해야 할 본격적인 선거전의 첫 관문이었다. 출마의 의미를 더욱 견고하게 구축하는

과정에서 풀어야 할 숙제이기도 했다.

이날은 박원순은 경남 김해 진영읍 봉하마을에 들러 노무현 전 대통령의 묘소를 참배한 날이기도 했다. 이어 노 전 대통령 사저에서 사람사는세상 노무현재단의 문재인 이사장과 환담을 나누었다. 일정을 마치고 봉하마을을 떠나기 직전, 박원순은 기자들 앞에서 "민주당이 주장한 여론조사 30퍼센트, TV토론 후 배심원 평가 30퍼센트, 국민참여경선(선거인단 투표) 40퍼센트의 경선룰을 받아들이기로 했다."라고 밝혔다.

"경선룰이 불리할 수 있지만 수용합니다. 파국보다 합의가 더 중요하기 때문입니다. 어떤 조건도 없습니다."

그의 머릿속에 안철수 원장과의 대승적 합의가 떠올랐을 것이다. 당시 예비후보이던 박원순은 발표 후 "봉하마을을 방문하고 노무현 전 대통령 묘역을 둘러보는 내내 숙고를 거듭했고, 문재인 이사장에게 많은 조언을 들었다. 그래서 중요한 결정을 할 수 있었다."라며 민주당의 경선룰을 수용한 배경을 설명했다.

문재인 이사장도 "경선 결과에 서로 승복하고, 경선 이후에는 모두가 야권 통합후보의 당선을 위해 힘을 모아야 한다."라고 말했다.

이날 선거캠프는 송호창 대변인 명의로 자못 비장한 성명을 발표했다.

야권 통합후보로 한나라당 후보에 맞선다는 것은 천만 시민과의 합

의이고 약속입니다. 개인의 유불리를 따지기에는 지난 10년간 서울시
민이 겪은 고통이 너무 큽니다. 정치적 이해관계를 타산하느라 시민의
기대를 저버리는 일이 반복되어서는 안 됩니다. 천만 서울시민 앞에
면목이 서지 않습니다. 제가 두려운 것이 바로 이런 것입니다.

안철수 원장과 합의한 정신도 여기에 있습니다. 이것이 새로운 변화
이고 시대정신입니다.

또한 봉하마을에서 문재인 노무현재단 이사장님을 만난 뒤, "내 마
음을 비우면 국민의 더 큰 마음을 얻을 수 있다."라는 조언과 격려에
힘입어 오늘의 어려운 결정에 이를 수 있었습니다.

박원순의 봉하마을 방문, 그리고 기자회견, 성명 발표 이후 본격

적으로 민주당과의 경선룰 협상을 시작했다. 민주당 측 협상 테이블에는 이인영 민주당 최고위원이 나왔고, 박원순 측 대표로는 윤석인 부소장과 오성규 씨가 나갔다.

협상은 협상이 아닌가. 처음에 박원순 측에서는 과감하게 100퍼센트 여론조사를 주장했다. 이에 민주당 측에서 여론조사 50퍼센트, 국민참여경선 50퍼센트 안을 제안하기도 했다.

협상이 진행 중이던 9월 26일 오전에는 민주당 최고위원회에서 '선거인단 명부 공개'라는 새로운 조건을 내세워 협상 자체가 결렬될 위기를 맞기도 했다.

그러나 9월 28일, 결국 모든 것을 수용했다. 야권 통합후보의 승리를 위해서는 어떤 불리한 조건도 감수하겠다는 양보와 타협의 자세를 견지한 것이다. 결국 민주당이 제시한 대로 경선룰이 확정되었다.

내부에서 즉각 불만이 일기도 했다. 민주당 측 자료를 받아보니, 그래도 박원순이 경선에서 우세한 것으로 나타나 있긴 했다. 하지만 어찌 긴장을 늦출 수 있었겠는가.

결코 쉽지 않은 관문이 기다리고 있었다.

박원순의 '희망약속'과
야권 단일후보 경선

　서울시장이 되기 위한 첫 번째 관문인 야권 단일후보 국민참여경
선률이 최종 확정되던 9월 28일, '박원순의 편지' 한 통이 공개되
었다.

박원순이 보낸 편지

　밤새 잠자리를 뒤척였습니다. 방 천장에 여러 그림들이 그려졌습니
다. 그러다 아침이 되자 어느 한순간에 편안해졌습니다.

　'내가 원하는 것이 아니라 시민들이 원하는 것을 따라가자. 시민이

바라는, 가라는 길을 가겠다. 그러면 됐어. 그래, 커다란 변화의 힘을 믿어보는 거다. 나는 시민 편이다.'

제가 힘들고 위험에 처한다면 서울시민이 저를 도와주실 것이라 생각합니다. 손잡아주시고, 등 토닥여주실 것으로 믿습니다. 정치는 잘 모르지만 '원칙과 가치'를 지향한다면 많은 것을 버려도 또 새로운 많은 것을 얻을 수 있다고 생각하기 때문입니다.

사람은 반드시 해야 할 일이 있을 때 안으로 더 강해지나 봅니다.

아침에 잠자리에서 일어나 '설렘'이라는 단어를 생각해냈습니다. 분노와 절망으로 저녁 잠자리에 들어 아픔과 두려움으로 아침을 맞는 서울시민에게 제가 작은 위로가 되고 싶습니다.

박원순은 10월 26일, 사람의 마을이란 역에서 행복한 시민을 태우고 달려보고 싶습니다.

깊은 사색에서 나온 말들이었다. 그 성찰의 힘을 받아들일 수밖에 없었다.

'새로운 변화, 진정한 변화', 박원순의 희망약속

"그렇습니다. 시민이 시장입니다!"

긴장감을 간직한 채, 아니 긴장감을 느낄 새도 없이 우리는 새로운 정치와 선거의 열망에 부합하기 위한 세부정책을 풀어놓기 시작

국민참여경선 동참을 약속한 시민들과 함께

했다. 9월 30일에 〈'새로운 변화, 진정한 변화'를 위한 박원순의 희망약속〉이 공개되었다.

박 예비후보의 '새로운 서울을 위한 희망캠프' 정책자문위원회는 이날 ▲희망 서울! 함께 잘 사는 서울을 만들겠습니다, ▲혁신 서울! 재정이 튼튼한 서울을 만들겠습니다, ▲안심 서울! 시민이 편안한 서울을 만들겠습니다 등으로 구성된 세 가지 핵심공약과 세부공약을 발표했다.

첫 번째 핵심공약 '희망 서울'은 ▲집 걱정 없는 서울 프로젝트, ▲착한 일자리 만들기 프로젝트, ▲영세상인·자영업자 생생生生 프로젝트, ▲대학생 응원 프로젝트 등으로 구성되었다.

두 번째 '혁신 서울'의 세부공약은 ▲한강르네상스사업 전면 재검토, ▲SH공사 사업구조 혁신, ▲독립된 검증기관, 서울시 공공투

자관리센터 설립, ▲투명한 정보공개, 서울시 정보소통센터 설립 등이다.

세 번째로 '안심 서울'에는 ▲아마존(아이들이 마음껏 다닐 수 있는 공간) 프로젝트, ▲서울 응급 콜·클리닉 네트워크 구축, ▲재해에 강한 서울, 미안(미리 안전)합니다 등이 속했다.

박 예비후보는 "집으로 인한 고통을 끝내고, 서울의 시정을 혁신하며, 모두가 안심하고 사는 '안심 서울'을 만들겠다."라며 "모든 역량을 쏟아부어 이런 좌절을 끝내고 싶다."라고 밝혔다.

"희망캠프의 조직이 되어주세요."

"상황이 생각보다, 보기보다 상당히 어렵습니다. 야권 단일후보 선거인단 참가신청! 10월 1일 낮 12시까지입니다. 원순 씨의 조직은 시민입니다. 여러분이 희망캠프의 조직이 되어주세요. 1688-1003 또는 http://www.win2011.or.kr에 접속해서 신청!"

야권 단일후보 경선을 며칠 앞두고 잔뜩 긴장한 상태로 분주하게 돌아가던 희망캠프 분위기가 순식간에 기분 좋게 풀어진 순간이 있었다. 시민 한 분이 박원순과 희망캠프의 심경을 패러디 사진 한 장으로 정리하여 보내준 것이다. "원순 씨가 저렇게 변신할 수도 있다니……." 모두들 재미있어 했다. 아니, 경악(?)을 금치 못했다.

박원순과
시민혁명

　9월 30일에는 이만열 전 국사편찬위원장과 이이화 전 역사문제연구소장 등 우리 사회의 대표적인 지성인 교수들과 청년·대학생들이 박원순 서울시장 예비후보에 대한 지지를 공식 선언했다.

　170여 명의 교수들은 "박 예비후보는 이명박 정부를 준엄하게 심판할 최적의 후보"라며 "박 예비후보가 야권 연합후보가 되어 MB정부를 준엄하게 심판해주길 소망한다."라고 밝혔다.

　이날 지지선언에는 이이화 전 역사문제연구소장과 김동춘(성공회대), 김수진(이화여대), 김호기(연세대), 박호성(서강대), 변창흠(세종대) 교수 등이 참석했다.

　시민들이 박원순 후보에게 보내고 있는 지지와 성원은 정부와 정치 그리고 정책의 혁신을 갈구하는 시민적 열망을 반영한다. 나아가 박원순 후보와 함께 새로운 서울을 만드는 데 동참하고 있는 시민들의 자발적 열기는 2000년대 한국 시민정치의 거대한 힘을 다시 한 번 확인시켜주고 있다. 정당정치의 발전이 지체되었음에도, 시민들은 정치 무

'새로운 서울을 만드는 희망캠프'가 움직이다

관심과 냉소주의에 빠지지 않고 나라와 지역의 문제를 개선하기 위한 행동에 적극적으로 참여해왔다. 이는 정당과 대의정치의 중요성을 폄하하지 아니하되, 정치인들에게 공동체의 운명을 내맡기길 거부하는 높은 주권의식의 표현이다.

촛불집회에서 박원순 펀드에 이르는 이 나라 시민들의 자발적 참여는 21세기 정치의 세계사적 흐름의 일부이며, 또한 그것을 선도하는 사례가 되고 있다. 시민들이 정치와 정당, 정책을 변화시키는 거대한 지구적 전환이 미국·일본·독일에서, 그리고 그 밖의 많은 나라들에서 지금 진행되고 있다. '시민의 정치'는 민주주의에 생기를 불어넣고, 시민들 삶의 현실과 욕구에 다가선 정책과 제도를 만들어가는 원동력이 되고 있다.

시민들이 함께 더 나은 미래를 꿈꾸고 변화의 주인공으로 동참하는 시민의 정치, 그것은 지금 서울시가 서울시민의 도시로 다시 태어나게 만들 수 있는 유일한 희망이다.

교수들의 지지선언이 발표된 직후, 청년·대학생들도 지지선언을 통해 "박원순 예비후보가 1천만 서울시민의 '희망의 거울'이 되기를, 우리 시대의 '큰 바위 얼굴'로 자리 잡아주기를 바란다."라고 밝혔다.

커다란 연대가 이뤄지기 시작하고 있음을 서서히 체감하는 시기였다.

야권 단일화후보 선출을 위한 국민참여경선

박영선, "박원순, 노무현에 상처 줘." _《뉴시스》등

박영선, "박원순은 안철수와 달라 VS 박원순, 그러면 곤란 _《머니투데이》

재벌후원금 놓고 朴-朴 격론 _《머니투데이》

박영선 찌르고, 박원순 피하고… TV토론 승패는? _《프레시안》

박영선 "朴, 양손에 채찍과 후원금"… 박원순 "억울하다" _《한국경제》

서울시장 야권 단일화후보를 선출하기 위해 9월 30일 오후 3시

'새로운 서울을 만드는 희망캠프'가 움직이다

박영선 민주당 후보, 박원순 시민후보, 최규엽 민주노동당 후보가 자리한 가운데 1시간 반 동안 진행된 토론은 지상파 방송 3사를 통해 생방송됐다.

주요 언론에 보도된 뉴스 제목을 살펴보니, 박영선 후보가 질문한 내용을 중심으로 보도가 되어 있었다. 노무현 탄핵 관련 발언, 안철수 바람, 재벌후원금 등 박영선 후보의 네거티브적인 공격과 박원순 후보의 방어로 토론이 이루어졌다는 기술이 대부분이었다.

박영선 후보는 실제로 주어진 질의 시간의 대부분을 박원순 후보에게 질문하는 데 할애했다. 이른바 '재벌후원금' 문제부터 지난해 6.2 지방선거 당시 한나라당 후보를 지원 유세한 사실, 노무현 전 대통령 탄핵 소추에 대한 박원순 후보의 평가 등이 집중 추궁받는

야권 통합경선을 통해 뜨겁게 맞붙었던 박원순과 박영선 후보

사안이었다.

박원순은 박영선 후보의 집중적인 추궁에 차근차근 설명하며 네거티브한 질문은 삼가고 구체적인 정책에 대한 논의로 끌어가기 위해 노력했다.

TV토론 이후 많은 트위터러들은 "박영선 후보가 상대방 헐뜯기에 집중하고 있다."라며 부정적인 반응을 보였다. 반면 "갑자기 튀어나온 박원순은 사실 안철수 바람 덕분 아닌가. 못미더운 구석이 있다."라는 반응도 있었다. "본격적인 싸움 전에 미리 예방주사를 맞는 셈 치자."라는 입장도 나왔다.

지금에 와서는 다소 민감한 이야기가 될 수 있겠지만, 이렇게 당시의 상황을 그대로 전하는 것은 사실 그때 가슴이 먹먹해지는 느낌이 없지 않았기 때문이다. 모르는 것도 아니고, 사실이 아닌 것도 알면서……. 저기 멀리서 더 악의적이고 비이성적인 공격을 준비하며 희희낙락하는 그들의 모습이 겹쳐 보였다.

'지하철 부대'의 등장! 조짐이 수상한데?

야권 단일후보를 선출하기 위한 과정이 진행됐다.

우선 TV토론이 끝난 직후 배심원을 대상으로 설문을 실시했다. 이어서 시민경선 전화여론조사를 10월 1일과 2일 오전 10시부터 오후 10시까지 진행했다. 그 결과는 10월 3일에 국민참여경선 결과와 함께 발표될 예정이었다.

시민경선 전화여론조사는 여론조사기관에서 국번이 '02'로 시작되는 모든 집을 대상으로 무작위로 발신하여 전화를 받을 경우 적극적으로 조사를 하는 방식으로, 지지정당 질문 시 한나라당, 자유선진당, 미래희망연대를 말하는 응답자는 제외했다.

10월 3일. 드디어 야권 단일후보경선의 마지막 관문인 국민참여경선 날이 왔다.

투표는 오전 7시부터 저녁 7시까지 서울 장충체육관에서 진행되었다. 민주당이 총력 지원에 나서면서, 민주당 박영선 후보가 조직

국민참여경선장에는 유난히 가족단위 참석자들이 많았다.

력에서 월등히 앞설 것이라는 전망이 지배적이었다. 언론은 박영선 의원이 이날 20퍼센트 포인트 정도 우위를 차지할 것으로 내다봤다.

박원순 변호사가 TV토론 배심원단 평가와 여론조사에서 이기고도 최종 후보자가 되는 주인공은 박영선 의원이 될 수도 있다는 전망도 이어졌다. 먼저 발표된 TV토론 배심원단 평가에서 박원순이 10퍼센트 포인트 차이로 우위를 기록하였음에도 그랬다.

실제로 투표 시작과 함께 오전에는 민주당 박영선 후보 측이 선전하고 있다는 분석이 나왔다. 박원순도 나중에 경선 당일 오전까지만 해도 자신이 지는 줄 알았다고 고백했다. 심지어 오전에 투표장에 들어서던 할아버지들이 그의 발밑에 침을 뱉고 가기도 했다고 한다.

'이상한 조짐'은 오후부터 시작됐다.

'새로운 서울을 만드는 희망캠프'가 움직이다

아이를 데리고 투표장을 찾은 가족 단위의 젊은 부부나 연인들의 모습이 특히 오후 들어 부쩍 눈에 띄게 늘었다. 시간이 갈수록 지하철역에서 젊은 층이 물밀듯이 올라와 속속 경선장에 입장하면서 흐름이 심상치 않게 바뀌었다.

시간이 지나면서 오히려 차분하게 결과를 기다릴 수 있었다. 과연, 과연…….

'희망정치 시민혁명' 시동 걸다!

"최종 결과, 박원순 후보가 52.15퍼센트를 얻어 야권 단일후보로 선출되었습니다!"

나도 모르게 주먹이 불끈 쥐어졌다. 박영선 민주당 후보는 45.57퍼센트, 최규엽 민주노동당 후보는 2.28퍼센트였다.

이날 경선에서 박영선 민주당 후보는 9,132표, 51.08퍼센트를 얻어 1위를 차지했고, 박원순 시민후보는 8,279표, 46.36퍼센트를 얻어 2위를 했다. 최규엽 민주노동당 후보는 2.61퍼센트를 얻었다.

앞서 10월 1일과 2일 이틀간 계속된 여론조사에서 박원순 후보는 57.65퍼센트를 얻어 1위를 차지했고, 박영선 민주당 후보는 39.70퍼센트를 얻어 2위를 했다. 최규엽 민주노동당 후보는 2.65퍼센트로 3위에 그쳤다.

TV토론 시민배심원 조사에서는 박원순 시민후보가 54퍼센트, 박영선 민주당 후보가 44퍼센트, 최규엽 민주노동당 후보가 1.5퍼센트를 각각 얻었다. 이를 모두 집계한 결과, 박원순 후보가 당선된 것이다.

이날 경선관리위원회가 집계한 최종 투표율은 59.6퍼센트였다. 총 선거인단 3만 명 중 1만 7,885명이 투표한 수치였다. 역사상 경선투표에서 보기 드문 높은 투표율이었다.

애초에 경선 참여를 신청한 사람 수는 박 후보 측에서 예상한 10만 명보다 훨씬 적었다. 그중에서 민주당이 동원한 사람만 3만 명 남짓으로 추산되어, 전체 참여자 수가 거의 차이가 없다는 판단이었다. 하지만 박원순 변호사의 지지층은 물론 '새로운 정치'를 갈

'새로운 서울을 만드는 희망캠프'가 움직이다

망하는 이들이 적극적으로 국민경선에 참여하면서, 예상과 다르게 박빙 승부가 연출되었다. 국민경선에서 5퍼센트 포인트 차이의 박빙 승부를 이뤘다는 이야기는 민주당의 막강한 조직력 못지않게 박원순을 지지하는 시민들의 자발적인 참여가 강력한 힘을 발휘했다는 의미이다. 민주당 안에서도 박원순 변호사 측을 지지한 세력이 있었던 게 아닐까 하는 추측까지 나왔다. 어쨌든 그만큼 박 후보 측이 선전한 결과였다.

시작 당시 지지율 5퍼센트의 후보, 인지도가 떨어지는 후보, 정치 경험이 없는 초보정치인이라는 어려움을 뚫고 제1야당 민주당과 진보정당의 맏형 민주노동당과 경쟁해서 당당히 승리한 것이다.

"서울시민 여러분, 들리십니까? 드디어 새로운 서울의 심장이 뛰기 시작했습니다. 시민 여러분, 준비되셨습니까? 이명박 전 시장과 오세훈 전 시장의 서울 실정 10년을 끝낼 준비가 되셨습니까?"

박원순은 당선 직후 시민들에게 물었다. 변화의 시동을 거는 순간이었다. 그리고 민주당 박영선 후보와 민주노동당 최규엽 후보, 또 민주당원들, 시민사회단체 등에게 특별한 고마움을 전했다. 안철수 원장에게는 '약속'을 지키겠다고 다짐했다.

"우리는 낡은 시대를 거울삼아 새로운 역사를 다시 쓰고 있습니다. 저는 단 한 마디의 네거티브성 발언도 없이 경선에 승리했습니다. 한나라당과 청와대까지 가세한 파상공세를 물리쳤습니다. 자부심을 느낍니다. 이제 막 모습을 드러낸 새 시대는 돈이 없는 제게

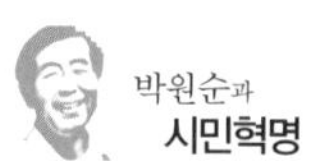

자금이 되어주었고, 조직이 없는 제게 시스템이 되어주었고, 공격을 당하는 제게 미디어가 되어주었습니다. 수평적 네트워크, 자발적 참여, 진심의 협력, 쌍방향 소통, 연결되는 지성. 저는 이것을 '사람을 향한 공감과 동행의 캠페인'이라고 부르고 싶습니다."

여러 언론매체들은 박원순의 범야권 서울시장 단일후보 당선 과정을 "한 편의 드라마 같았다."라고 전했다. 하지만 더 큰 드라마가 기다리고 있었다. 그 드라마는 '희망정치'를 갈망하는 바닥민심에서 송출되었다. 박원순의 말처럼, 그것은 '새 시대'의 흐름이었다.

뒷이야기 한 가지. 경선 당일 점심시간에 짜장면을 먹으며 박원순은 "체육관 앞에서 악수를 너무 많이 했더니 손이 아프다."라고 말했다. 박원순을 만난 사람들이 그들의 기대만큼 얼마나 그의 손을 꼭 쥐었기에 그럴까 싶었다.

범야권 '드림팀' 결성과 '희망공약' 아우르기

박원순 후보, 무소속 출마 공식 선언

10월 7일, 박원순은 무소속 출마를 공식 선언했다. 한나라당 나경원 의원이 후보로 등록한 다음 날이었다. 박원순은 무소속이 아닌 야권 통합 단일후보로서의 꿈과 의미를 거듭 강조했다.

서울시민 여러분, 저는 오늘 새로운 시대의 문을 두드립니다.

박원순은 분노와 좌절의 문 뒤에 숨은 희망과 변화의 새로운 문을 열겠다는 굳센 마음으로 서울시장 후보에 등록했습니다. 시민이 만든 야권 통합 단일후보 박원순은 10월 27일 새로운 서울의 아침을 열겠

더 큰 길, 무소속 출마를 선언하다.

습니다.

박원순은 민주당, 민주노동당, 국민참여당, 진보신당이 시민들의 변화 요구를 반영해 만든 공동 후보입니다. 야권 통합 단일후보는 연합과 연대라는 틀을 소중히 하고 발전시키라는 요구와 새로운 변화와 새로운 서울을 만들라는 시민의 요구를 동시에 받는 자리입니다.

그간 민주당 입당에 대해 많은 고민을 했고, 많은 말씀을 들었습니다. 입당 문제에 대해 대승적으로 생각해주신 손학규 민주당 대표와 민주당원 여러분께 부끄럽지 않은 후보가 되겠습니다.

무소속 후보가 불리하다는 것을 너무도 잘 알고 있습니다. 정당 후보에 비해 절대적으로 적은 선거운동원 숫자, 등록하고 활용할 수 있는 연락사무소 부족, 정당 광고 사용 불가 등 불리한 조항이 한두 가지가 아닙니다. 선거 전문가들은 이로 인해 박빙의 승부에서 승리하지 못할 수도 있다고 조언해주셨습니다.

그러나 저는 할 수 있다고 생각합니다. 원칙은 양보할 수 없는 것이고, 원칙 때문에 손해를 봐야 한다면 볼 것입니다. 그리고 제게는 또

하나의 원칙이 있습니다. 한나라당에는 없는, 하나부터 열까지 시민과 함께한다는 원칙입니다. 그것이 저의 유일한 선거 전략입니다.

시민의 힘으로 더 큰 희망을 일구겠다는 선언이었다.

무소속 후보로 등록을 마치고 정식으로 '서울시장 후보'가 된 박원순은 서울시의회를 먼저 찾았다. 안정적인 시정 운영을 위해서는 의회와의 소통이 무엇보다 중요하기에 미리 인사하는 차원이었다.

서울시 시의회 허광태 의장은 "돌아오는 10.26 선거에서 박원순 후보에게 희망을 주자."라고 화답했다. 허 의장은 "지금까지 서울시의회가 이루고자 한 것을 박원순 후보가 아닌 박원순 시장이 이뤄나갈 것으로 믿으며 격하게 환영한다."라고 말했다.

이날 시의회 방문에는 경선을 함께 치른 민주당의 지도부들도 함께했다. 손학규 민주당 대표는 "박원순 후보는 민주당적을 갖고 있든 아니든 더 큰 민주당의 후보이자 일원이다. 시의원들이 당선에 적극 힘써주시길 부탁한다."라고 전했다.

이날 박원순 후보는 속기록을 통해 시의원들의 활동 내용을 봤다. 이명박 전 시장과 오세훈 전 시장으로 이어진 시정 난맥상에서 시의원들이 얼마나 성실하고 날카롭게 대안을 마련해왔는지를 알려주는 기록들이었다.

오랜 기간 서울시정은 사실상 마비상태였다. 무상급식 투표 과정에서도 나타났듯이 시장과 시의원들의 대립이 이어졌다. 시민들

'새로운 서울을 만드는 희망캠프'가 움직이다

후보등록을 마친 날, 서울시의회를 찾은 박원순

은 의회와 소통하고 의회민주주의를 지지하는 시장의 탄생을 기대
했다.

서울을 바꾸는 박원순의 사칙연산

10월 9일, 오전 11시부터 12시까지 이화여고 100주년기념관에서
박원순 후보의 정책공약 발표회가 진행되었다.

'기호 10번' 박원순 후보가 어떤 정책들로 서울을 새롭게 만들어
갈지 궁금해하는 사람들이 많았던 만큼, 원순닷컴과 트위터, 페이
스북 등을 비롯한 각종 온라인상으로 현장 소식이 곧바로 생중계되

었다.

박원순 후보가 그동안 심사숙고한 공약들을 널리 알리기 위해 마련한 이날 발표회는 '서울을 바꾸는 박원순의 희망셈법'으로 명명되었다. 박 후보는 주요 내용을 직접 브리핑했다. 10월 5일에 고인이 된 미국 애플사 창업주 스티브 잡스를 연상시키는 새로운 기자회견 방식이었다.

박원순 후보는 희망제작소 활동 시절에 시장 학교 등을 기획하면서 선거 운동과 유세 방법 등에 대해서도 자료를 수집하고 공부한 것이 많았다. 그렇기에 이번 공약 발표 때 누구와도 다른 모습을 보일 수 있었다. 준비된 시장후보인 셈이다. 희망제작소 때 제창한 실사구시, 시민참여 등 초기의 지향점도 강하게 표출되었다.

정치적 의도가 아닌 시민을 중심으로 계산하는 시정을 펼치겠다는 취지의 '서울을 바꾸는 박원순의 희망셈법'은, '더불어 사는 마을공동체, 함께 잘 사는 희망 서울'이라는 비전 아래 ▲희망 더하기(+), ▲불만 덜기(−), ▲활력 곱하기(×), ▲행복 나누기(÷)라는 4개의 시정목표와 총 10개의 핵심정책들로 이루어졌다.

'희망 더하기'에는 ▲집 걱정 없는 희망둥지 프로젝트, ▲밥·등록금 걱정 없는 배움터 프로젝트, ▲창조적이고 지속 가능한 좋은 일자리 만들기라는 정책이 포함되어 있었다. '불만 덜기'에는 ▲전시성 토건사업 재검토, 지속 가능한 생태도시, ▲기본이 바로 선 도시, 안전한 도시시스템, ▲부채 감축, 재정 혁신을 통한 균형살림

프로젝트를, '활력 곱하기'에는 ▲창조성과 상상력, 서울 경제 Jump up!, ▲소통, 협력, 참여, 혁신, 열린 시정 2.0정책이 구체적으로 제시되었다. 그리고 '행복 나누기'에는 ▲여성과 가족복지, 여성 희망 프로젝트, ▲더불어 행복한 복지우산 프로젝트를 포함시켰다.

박원순 후보는 "서울을 '공동체가 살아 있는 도시, 사람 냄새 나는 도시'로 복원하겠다."라는 목표와 "시민이 소외되지 않고 주인이 되는 시정을 펼치겠다."라는 다짐을 밝힌 뒤 언론의 질의에 응했다.

이른바 '전쟁'에 나가기 위해 준비한 무기들을 선보이는 자리였다. 하지만 선거가 끝난 지금도 한나라당의 네거티브 캠페인(말이 좋아 그렇지, 사실 구태에서 한 발짝도 벗어나지 못한 흑색선전, 막말정치에 다름 아니었다.) 때문에 당시 우리가 준비한 정책들이 유권자들에게 제대로 인식되지 못한 점이 아쉽다.

"와, 이 사람들이 다?" '대선급 선대위' 출범

누가 봐도 '드림팀'이었다.

10월 11일, '새로운 서울을 위한 희망캠프'는 매머드급 선대위를 구성하여 발표했다.

선대위는 야권통합정신에 입각해 각 야당과 시민사회의 연합으

이정희 민주노동당 대표와 함께

로 구성했다. 이명박 정권과 한나라당, 오세훈 전 시장이 심화시킨 갈등과 대립구도를 극복하고 서울의 진정한 변화와 혁신을 이뤄내는 일에 힘을 모을 예정이라고 발표했다.

선대위 상임위원장은 손학규 민주당 대표가 맡았다. 유시민 국민참여당 대표, 이수호 민주노총 지도위원, 김혜경 진보신당 비상대책위원장, 남윤인순 혁신과통합 공동대표, 문재인 노무현재단 이사장, 이해찬, 한명숙 전 국무총리 등이 공동선대위원장을 맡았다.

그리고 민주당 박영선, 추미애, 천정배 의원, 이계안 2.1연구소 이사장 등도 선대위원장에 동참하였다. 정동영 민주당 최고위원, 심상정 전 진보신당 대표 등 정치권 인사와 함께 문성근 국민의 명령 백만민란 대표도 선대위원장에 포함되었다.

조국 서울대 교수, 작가 공지영 씨, 작가 이외수 씨, 배우 문소리

씨, 언론인 신경민 씨 등으로 구성된 '멘토단'의 면면도 화려했다. 이들은 모두 파워 트위터리안으로서, 온라인상에서 박원순 후보를 측면 지원했다.

선거대책본부장단은 이인영 민주당 최고위원(상임)을 비롯해 김낙순 전 민주당 의원, 김수현 세종대 교수 등

으로 구성되었다. 팟캐스트 〈나는 꼼수다〉로 주가를 올리고 있는 정봉주 17대 민주당 국회의원, 하승창 희망캠프 총괄기획단장 등 다양한 인물들도 참여했다.

고문으로는 김근태 한반도재단 이사장을 비롯해 박재승 변호사, 자문 역에는 윤석인 희망제작소 부소장 등이 참여했다. 특보단에는 김기식 혁신과통합 공동대표, 조광희 변호사, 최재천 17대 민주당 국회의원 등이 동참했다. 정책자문단에도 학계, 노동계, 시민사회 단체 인사들이 두루 참여했다.

대변인으로는 송호창 변호사와 우상호 17대 민주당 국회의원이 참여했다. 후보 비서실장은 김근태 한반도재단 이사장의 국회의원 시절에 보좌관을 지낸 기동민 성균관대 겸임교수가 맡기로 했다.

상황실장에는 김형주 17대 민주당 국회의원, 사무처장에는 오성규 전 시민단체연대회의 운영위원장이 각각 내정되었다.

아울러 박원순 후보의 '새로운 서울을 위한 희망캠프'에 참여한 언론인 출신 인사들로는 자문 역을 맡은《동아일보》출신의 김창희 전《프레시안》편집국장, 조병래 전《동아일보》부장을 비롯하여 고문을 맡은 최학래 전《한겨레》사장 등이 있었다.

보기만 해도 뿌듯했다. 한 사람 한 사람 사회적 영향력을 지닌 분들이지만 지면 관계상 자세히 소개할 수 없는 것이 아쉽다.

10월 13일 오전에 서울 광화문 광장 세종대왕 동상 앞에서 박원

이런 조합을 이룬 적이 있었을까? '드림팀'을 이룬 박원순 후보 선대위

순 야권 단일후보 선거 출정식이 열렸다.

첫 출정식에서 박원순 후보는 각 정당대표 및 사회의 지도자급 시민활동가들이 총망라되어 모인 가운데 유세를 펼쳤다. 이날 유세는 이번 서울시장 보궐선거의 의미를 말하고, 시민들이 새로운 변화, 새로운 서울을 선택할 것을 호소하는 자리였다. 한명숙, 손학규, 유시민 선대위원장과 이정희 민주노동당 대표, 박원순 후보의 연설이 이어졌다. 이렇게 한자리에 모여 하나의 목적으로 뭉친 것은 이전까지는 없었던 일이다.

박원순을 지지하는 '열열(10·10)' 여성들의 릴레이 캠페인도 이어졌다. '박원순 야권 단일후보 희망캠프 열열여성본부'에서 진행하는 캠페인이었다. 박원순 후보를 지지하는 각계각층 여성들이 그

'새로운 서울을 만드는 희망캠프'가 움직이다

드디어 선거에 나설 채비를 모두 마쳤다.

에게 바라는 여성정책을 적은 피켓을 들고 10월 13일부터 매일 정오 광화문 광장에서 1인 릴레이 정책 캠페인을 이어나갔다. 첫째 날에는 서울시 여성노동자 엄창순 씨가 "공공부문 비정규직 정규직화! '열열' 지지합니다!"라는 내용으로 첫 테이프를 끊었다.

이어진 1인 릴레이 정책 캠페인에는 여성노동자, 여성노인, 여성장애인, 워킹맘, 주부, 여대생 등 각계각층의 여성들과 박영선, 조배숙 등 여성 국회의원, 오한숙희 등 여성계 인사, 그리고 여성 방송인 등이 참여했다.

박원순 후보는 ▲질 좋은 사회 서비스 일자리 만들기, ▲여성들의 경력 단절 예방 및 일·가족 양립을 위한 지원체계 구축, ▲서울시 공공기관 비정규직의 정규직 전환 및 처우 개선, ▲여성폭력 없는 안전한 도시 만들기, ▲생애 주기별 여성건강정책 실시, ▲여성 지위 향상을 위한 정책참여 확대, ▲서울시 '성주류화 추진본부' 설치 등 다양한 여성정책을 공약으로 내걸었다. 오랜 시민운동으로

다져온 내공이 고
스란히 묻어나는
여성정책이었다.
　이날 자정, 가
락시장 강동수산
정문 앞에서 박원
순 서울시장 야권
단일후보의 첫 선
거 유세가 있었

가락시장에서 시작한 첫 선거 유세, 새벽 잔치국수 맛이 유달랐
을 것이다.

다. 첫 선거 유세는 더 각별하게 기억에 남았다.

　이번 공식선거가 시작되면서 제가 제일 먼저 찾은 곳이 이곳인데요,
정말 여러분들께서 보시는 것처럼 삶의 활력이 그대로 그냥 전해지는
곳이잖아요. 우리 서울시민의 안전한 먹을거리를 위해서 이렇게 새벽
같이 뛰는 많은 분들이 계시기 때문에, 저희들이 안심하고 살 수 있는
것이 아닌가 싶습니다. 저는 바로 이분들 잘 챙기는 것이 우리 서울시
민들을 잘 챙기는 것이라 생각합니다.
　……공무원들이 군림하지 않고 상인들의 의견에 귀 기울이면서 고민
을 해결해드리려 노력하는 것이 결국엔 서울시민을 위하는 것이라고
생각합니다. 늘 현장에 와서 듣는 것이야말로 서울 시정을, 좋은 서울
시를, 행복한 서울시민들을 위한 첫 번째 지름길이 아닐까 생각합니다.

'새로운 서울을 만드는 희망캠프'가 움직이다

야권 단일후보 박원순 지지선언 릴레이

한나라당 나경원 후보의 근거 없는 네거티브 공세 속에서도 야권 단일후보 박원순에 대한 정치, 방송, 예술, 문화, 여성, 장애인, 보건의료인, 시민단체 등 각계각층의 지지선언이 이어졌다. 박원순 지지선언 릴레이는 단순히 야권 단일후보의 서울시장 당선을 위한 지지를 넘어서 이명박과 한나라당 정권에 대한 심판과 더 나아가 내년 총선 승리와 정권 교체의 신호탄이 되기를 희망하는 것이었다.

먼저 71명의 문화예술인들은 〈시민의 정치 참여로 시민이 시장인 시대를 만들기 위하여〉라는 성명을 통해 박원순 서울시장 후보를 지지했다. 이들은 성명에서 "이번 서울시장 보궐선거는 민주주의가 후퇴하고 국민들의 삶의 질이 심각하게 악화되고 있는 오늘날 한국사회의 현실을 극복할 수 있는 좋은 계기"라며, "모든 야권 정당들과 시민사회진영이 합심하여 박원순 후보를 단일후보로 내세우고 배수의 진을 쳤다."라고 말했다.

문화예술인들은 또한 "'문화창의도시 서울'이라는 구호만 요란하게 내세운 채 토목과 눈에 보이는 홍보성 전시행정에 몰두한 한나라당과 이명박, 오세훈 전임 시장들의 빚더미 시정과 시민들과의 소통을 거부하는 일방통행식 정치행태를 갈아엎고 새로운 정치판을 만들어내는 선거가 되기를 바란다."라고 밝혔다.

또한 이례적으로 광주시민단체협의회를 비롯하여 6개 광주전남

지역의 6개 시민단체가 〈새로운 정치, 희망을 주는 정치, 야권 단일 후보 박원순을 지지한다〉라는 성명을 발표했다. 심지어 보수정당 인 자유선진당의 이상민 의원도 "한나라당 정권에 책임을 물어야 한다."라며 박원순 후보 지지선언을 이어갔다.

계속해서 문화예술인들 57명의 2차 지지선언, 서울시 여성 지지 선언, 서울시 사회복지사협회 회장단 공개지지, 교수협의회(4개단 체) 지지선언 등 박원순 지지선언 릴레이가 이어졌다.

새로운 정치, 정권 교체에 대한 각계각층의 열망을 엿볼 수 있는 대목이다.

서울시민을 위한 권리선언 '참여권리헌장' 제정

10월 19일 박원순 후보는 당선 뒤 교육, 복지, 의료, 인권, 환경, 안전 분야 등에 관한 시민들의 기본 권리를 담은 〈서울시민 참여권 리헌장〉을 제정하겠다고 발표했다. 이 권리헌장의 내용은 다음과 같다.

박원순은 '참여권리헌장'이라는 이 시대 시민들의 실질적 요구를 담은 권리선언을 통해, 시민들의 기본권 회복을 서울시민 앞에서 선언하고 약속했다. 권리선언은 '모든 국민은 인간으로서의 존엄 과 가치를 가지며 행복을 추구할 권리를 가진다.'라는 헌법 제10조의 정신에 입각해서 서울 시정의 패러다임 변화를 이끌겠다는 의지를 담은 것이었다.

서울시민 참여권리헌장

구분	시민의 권리	서울시의 의무
제1조	정보 청구와 의견 표명, 정책과정에 참여할 권리	정보공개와 제공, 시민참여 체계 구성
제2조	표현과 집회 결사의 자유	광장과 거리의 개방
제3조	사회 공공복지 주거 서비스 향유	사회 공공복지 서비스 제공, 주거권 보장과 강제퇴거 방지
제4조	범죄 · 폭력 · 화재 · 재난 · 유해음식으로부터의 안전	안전 보장
제5조	이동권 · 접근권	대중교통 체계 제공, 장애인, 노약자 이동권 · 접근권 보장
제6조	환경권	수질과 대기오염 방지, 녹지 보전, 에너지 절약, 자원 재활용 노력
제7조	노동권	노동기본권 보장, 고용 안정과 증진, 적정 임금 보장
제8조	교육권	학교 · 직업 · 평생교육 보장, 친환경 무상급식 지원
제9조	문화 · 여가권	문화유산 보호, 문화예술 활동 지원, 여가 기회와 장소 제공
제10조	건강권	공중위생 보건 보장, 공공의료 체계 수립

박원순 희망캠프의 주역, 자원봉사자

10월 19일, 박원순 서울시장 야권 단일후보의 선거대책위원회는 다시 인원을 대폭 보강했다. 우선 배우 권해효 씨를 비롯해 변호사

금태섭, 배우 김여진, 시인 김용택, 만화가 박재동, 가수 이은미, 언론인 정연주 씨 등의 참여로 멘토단이 더욱 강화되었다.

선대위 고문단에는 김원기, 임채정 전 국회의장을 비롯하여 문희상, 박상천 국회의원, 권노갑, 신기남, 정대철, 한광옥 전 국회의원, 박경서 전 인권대사, 오충일 목사, 장상 이화여대 전 총장 등이 참여하여 힘을 보탰다.

이 밖에도 특보단에 김진 변호사(법률), 이용식 전 민주노총 사무총장(노동), 김형욱 전 청와대 비서관(조직), 김한정 전 청와대 부속실장, 최경환 전 청와대 비서관(이상 정책), 김성환 20's Party 대표(청년) 등 총 61명이 추가되어 각 분야를 전문적으로 담당하게 되었다.

김형식 서울시의원 등 20명은 정책자문단에 이름을 올렸다. 앞서 10월 11일 박 후보 선거캠프에서 발족한 매머드급 대규모 선대위에서 한 걸음 더 나아간 사상 초유의 슈퍼 매머드급 선대위를 구성한 것이다.

이렇게 슈퍼 매머드급 선대위가 꾸려지면서 희망캠프에 더욱 활기가 넘치게 되었지만, 사실 박원순이 서울시장 보궐선거 출마를 결심한 첫날부터 희망캠프가 제대로 가동될 수 있도록 힘쓴 이들은 보이지 않는 숨은 얼굴들인 '자원봉사자', 일명 '자봉' 분들이었다. 아무런 보상 없이도 자신의 이름 석 자 내세우지 않고 크고 작은 일들을 묵묵히 도맡아 해낸 진짜 일꾼들, 이들의 이야기는 책 한 권으

투명 창으로 꾸민 희망캠프

로 써도 모자랄 정도다.

박원순 후보의 희망캠프에서 함께한 든든한 자원봉사자들의 모습은 《오마이뉴스》 10월 14일자 〈박원순 캠프 24시〉 기사에서도 다루어졌다. 이 기사를 빌려 그분들의 이야기와 함게 당시 생생한 선거캠프 분위기를 짧게나마 기록해보려 한다.

서울 종로구 안국동 사거리에서 인사동 방향을 등지고 풍문여고 방면 횡단보도 앞에 서면, 은은한 오렌지 빛깔의 조명등이 켜진 카페를 발견할 수 있다. 안국빌딩 별관 2층에 있는 이곳은 야권 단일후보 박원순 후보 선거캠프 사무실이다. '박캠'에선 종일 무슨 일이 벌어질까.

공식 선거운동 둘째 날인 10월 14일, 대한민국 선거운동사상 최초로

'야근은 기본, 밤샘은 선택'이었다는 자원봉사자들

선거캠프 사무실을 카페 형태로 꾸몄다는데 도대체 어떤 모습일지 궁금해 할 누리꾼들을 대신해 《오마이뉴스》 기자가 온종일 캠프를 탐색해보기로 했다.

촉촉한 가을비가 도시의 갈증을 해갈시켜주던 이날 오전 7시 30분. 시민단체 출신 캠프 관계자들이 모이기 시작한다. 한 손에는 커피, 한 손에는 스마트폰을 들었다. 따끈한 아메리카노 한 잔은 곧 두 잔이 된다. 서로 나눠 마신다.

오전 8시 아침 조회. 미리 배달된 김밥이 '조식'이다. 하루를 점검하고 어떻게 박원순을 당선시키는 데 주력할 것인가를 검토한다. 이 희망캠프 회의에는 시민참여본부(이용선, 배옥병, 하승창, 김종민, 홍용표) 기획위원회, 시민유세단(천준호), 소셜4.0위원회(유창주), 전화봉사단

'새로운 서울을 만드는 희망캠프'가 움직이다

(김여정), 노동희망위원회(배기남), 대외협력위원회(민만기), 조직기획위원회(최승국) 등에 속한 실무자들이 참석했다.

단위별로 각각 흩어져 회의를 한다. 회의 내용까지는 공개하지 않겠다고 했으니, 엿들을 재주는 없다. 다만 노동희망위원회에 속한 민주노총 관계자들의 회의 장면은, 그야말로 긴 행렬로 줄을 서서 공단으로 들어가는 당당한 노동자들의 모습 그대로였다. 사각 형태로 각을 이뤄 절도 있게 회의를 진행했다.

박원순 캠프의 가장 특이한 점은 '무지개 정치'를 표방한다는 것이다. 각양각색의 사람들이 다 모여 집단마다 하나의 빛깔을 내고 있다. 캠프 관계자들이 '1캠'이라 부르는 카페 형태의 사무실에는 시민운동, 환경운동, 여성운동, 노동운동은 물론 민주당, 민주노동당, 국민참여

희망캠프 내 방송팀의 모습

당 등 정당 관계자들이 모인다.

이용선 시민참여본부장은 전날 '소박한 유세'에 대한 품평을 듣고 있는 중이었다. 이 본부장은 "작은 선거가 훨씬 소구력이 높은 것 같다."라며 "경청투어, 타운홀 미팅 같은 사랑방 좌담에 시민들이 상당히 공감하는 눈치"라고 전했다. 명함을 뿌리고 큰소리로 외치고 사람들을 만나 악수하는 식의 공중전보다는 아기자기한 모임에 정서적으로 훨씬 많이 공감한다는 것이다.

하승창 시민참여본부장도 "우리는 누구나 참여해서 각자 원하는 방식대로 선거운동을 하도록 한다."라며 "율동을 낼 사람은 율동을 내고, 노래를 낼 사람은 노래를 내고, 정책을 낼 사람은 정책을, 떡을 낼 사람은 떡을, 음료수를 낼 사람은 음료수를 내면서 활동 중"이라고 말하였다. 박원순표 선거운동은 '멋대로 맘대로'라는 것이다.

실제로 이날 오전 9시경에 이르니, 50대 여성 자원봉사자들이 행주를 들고 구석구석을 청소했다. 자원봉사자 이름표를 건 금수레(58) 씨는 "아름다운가게 안국점이 개점할 때부터 박원순 변호사와 인연이 있었다."라며 "오전 9시부터 낮 12시까지 청소도 하고 커피도 대접하면서 내가 할 수 있는 선거운동을 하고 있다."라고 말하였다.

금 씨는 "2000년 교통사고 직후 행동과 언어가 불편해진 뒤로 자원봉사를 시작했는데 그 뒤로 병도 많이 좋아졌다. ……서로 돕는 것이 참 행복하다."라고 말하면서 웃었다. 그는 행주로 탁자를 닦느라 정신이 없으면서도 기자에게 "저쪽에 떡이 있으니 먼저 떡부터 좀 드시고,

'새로운 서울을 만드는 희망캠프'가 움직이다

시원한 커피도 좀 드시면서 하라.”하고 권유하였다.

가만 보니 박원순 캠프에는 노년의 자원봉사자들도 여럿 눈에 띄었다. 그들은 이런저런 잡일도 돕고, 정치토론도 하면서 ‘캠프의 아침’을 열었다. 박원순 선대본부에는 130여 명의 활동가가 뛰고 있다. 이 중 소수의 인원을 제외하면 모두 무급 자원봉사자이다.

“우리는 일회용 컵을 안 써요. 출근하면 전날 설거지가 좀 있죠. 호호. 아침 8시에 출근해서 청소하고, 설거지 좀 하고 그럼 또 금방 점심시간 돼요. ‘자봉’ 오시면 여기저기 연결해 드리고 어쩌고 하면 또 금방 저녁이야. 집안 살림처럼 여기도 똑같이 정신이 없어요. 벌써 30일째 이러고 있네요. 호호.”

자원봉사자 이혜숙(58) 씨.
“새로운 역사를 쓰는 일에 일조한다는 사명감에 뿌듯해요.”

카페 형태로 꾸민 서울 안국동 박원순 캠프 사무실에는 ‘엄마’ 같은 존재가 있다. 아이들이 정신없이 어질러놓은 것을 대신 말끔히 치워놓듯, 박캠에도 선거운동원들이 쾌적한 공간에서 일하도록 돕고 배려하는 사람이 있었다. ‘청담동 아줌마’ 이혜숙(59) 씨다.

1998년 친언니인 전 KBS 아나운서 이영숙 씨가 참여연대에 잠깐만 들렀다 가자고 한 것이 인연이 되

어 박원순 변호사와 벌써 13년째 알고 지낸다. "우리 언니가 KBS 관두고 BBS에서 방송할 때 박원순 변호사를 인터뷰한 모양이에요. 그래서 참여연대에 평생회원으로 가입했는데, 감사패를 받으러 가야 하니 잠깐만 들렀다 가자길래 따라간 게 벌써 13년 전이네요. 당시 참여연대의 아주 작은 방에서 박 변호사님이 절 부르시더니 활동자료를 쭉 보여주면서 막 설명을 하는 거예요. 그게 1998년 9월, 막 가을이 시작되던 무렵이었죠."

박원순 후보의 상징인 노란 앞치마를 입은 이혜숙 씨는 그렇게 그와의 인연을 이야기했다. 집에서처럼 사람들을 살피고 돕는 동안 무려 300명이 넘는 자원봉사자들의 신청을 받았다는 그는, 이날《오마이뉴스》기자와 만나 "이렇게 변화를 바라는 사람들이 많구나."라고 몸소 느꼈다고 말했다.

이 씨는 300명이 넘는 사람들의 자료를 일일이 보여주면서 "이런 분들이 나서고 있다."라고 소개했다. 직업을 보니, 변호사, 공중파 방송국 MC, CCTV 보안감시업체 직원, 건설 관련 종사자, 대기업 CEO, 그래픽 디자이너, 대학생, 외국계 회사 지사장, 초등학교 교사, 결혼 전 언론사에서 근무한 사람, 운전 지원자, 의전 경력이 있는 사람, 연극 연출가, 대덕단지 연구원, 수의사, 아프리카 타악기인 젬베 연주자, 미술교육 교사, 교육공무원 등등 일일이 다 헤아리기 어려울 정도로 많았다.

그는 "이런 사람들이 원하는 건 새로운 정치의 가능성"이라며, "박

'새로운 서울을 만드는 희망캠프'가 움직이다

원순 씨라면 잘 해낼 것"이라고 말했다. 그에게 왜 박원순 후보가 꼭 서울시장이 되어야 한다고 생각하느냐고 묻자, 이런 답이 돌아왔다. "오래전에 참여연대는 작은권리찾기운동을 했습니다. 아주 사소한 것이지만 자신의 권리를 찾게 해주는 일이지요. 사람들이 자기 권리를 제대로 주장하지 못하는 것을 보고 박 변호사님이 그걸 사회운동으로 만들었거든요. 저는 그분이 서울시장이 된다면 힘없는 서민들의 사소한 권리를 제대로 찾아줄 것 같아요. 그래서 저는 원순 씨를 지지합니다."

알고 보면 이혜숙 씨는 서울 부자들이 모여 있다는 청담동에 산다. 청담동 40평대 아파트에 산다는 이 씨가 평소 친구들에게 이런 사회문제를 이야기하려고 하면 "얘, 난 정치문제 관심 없어!"하고 전화를 끊는단다. 그래서 실은 청담동 친구들에게 이번 선거운동도 제대로 이야기하지 않았다고 했다.

그러나 그는 "내가 만일 여느 강남 아줌마처럼 살았다면 정말 우리 식구들만 알고 그랬을 거예요."라며, "박 변호사를 통해 인생이 바뀌었고, 세상에 대해 관심을 가지면서 사회 부조리가 얼마나 구조적인 문제인지 알게 됐어요"라고 말했다.

하루 12시간씩 자원봉사를 하며 피곤에 절어 있으면서도 그는 만면에 미소를 띠었다. 선거캠프를 찾아오는 모든 이들에게 따뜻하게 봉사하는 그의 가장 든든한 후원자는 남편이라고 했다. "우리 남편이요? 수구꼴통 보수지. 하하. 그래도 13년간 내가 하는 일에 여자가 왜 그러

고 다니냐, 뭐하러 다니냐, 그런 말 한 번 없어요. 그냥 당신 하고 싶은 대로 해, 그러죠. 어제는 좀 늦길래 왜 안 와요? 하고 전화했더니, 나 지금 선거운동 중이야, 그러는 거예요. 수구꼴통 보수 친구들 앉혀놓고 박원순 후보 얘기 중이라고 하더군요.”

그는 하루하루 매우 고단하고 피곤하다고 했다. 선거가 이제 12일 남았지만, 언제까지 안내데스크를 책임질지 모르겠다고 했다. 생각보다 참 힘들고 어렵다고 토로하기도 했다. 그래도 그는 인터뷰 중에도 누군가 도움을 요청하면 밝은 목소리로 “네~” 하고 달려갔다.

'새로운 서울을 만드는 희망캠프'가 움직이다

네거티브 없는
'아름다운 선거'를 꿈꾸다

네거티브 없는 선거문화정착을 위한 박원순 후보의 노력에도 불구하고 상대 진영에서는 끊임없는 네거티브 전략을 구사했다.

끈질기게 흑색·거짓선전과 막말정치를 자행하는 모습에 넌덜머리가 날 지경이었다. 구태도 이만저만이 아니었다. 기성 정치권에서는 박원순 열풍을 그간 경험하지 못한 위협으로 느낀 모양이었다.

주된 내용을 살펴보자. 먼저 9월 29일, 무소속 강용석 의원이 보도자료를 통해 아름다운재단이 론스타로부터 7억 6천만 원을 기부받았다는 의혹을 제기했다. 하지만 강 의원의 주장은, 아름다운재단 홈페이지에도 나와 있는 사실관계조차 제대로 확인하지 않은 잘못된 주장이었다.

'론스타 기부금' 의혹 제기

2004년 아름다운재단이 론스타 펀드로부터 기부금을 받을 당시에는 아무런 문제가 없었다. 기금의 목적은 장학사업이었다. 2006년에 론스타에 대한 사회적 비판이 제기된 이후, 재협약을 하지 않고 남은 기금을 전액 반환했다.

론스타 펀드의 자회사인 허드슨어드바이저코리아(주)는 지난 2003년 12월 아름다운재단에 기금을 출연하고, 2004년 6월에 '론스타푸른별기금(소년소녀가장 학업보조비 지급 기금)'을 정식 협약했다. 전체 모금액에는 기업 기부금 외에 다수의 개인 1퍼센트 기부자의 매칭기부금이 포함되었으며, 2009년 9월까지 5년간 67명의 소년소녀가장들에게 약 2억 2천만 원이 지원되었다.

아름다운재단 이사회는 론스타코리아가 법정 분쟁에 휘말리고 기업윤리에 대해 비판을 받자, 2008년 6월에 협약이 종료된 뒤 재협약을 하지 않고 남은 기금을 반환하기로 결정했다. 론스타 측에서 재단에 기부한 금액은 총 1억 4천여만 원이며, 반환액은 집행 잔액 9천여만 원이었다.

그런데 론스타 측에서 한때 잔액 수령을 거부하여, 약 1년 뒤인 2009년 5월 25일에 잔액을 해당 기업 통장으로 반환하게 되었다. 이후 론스타푸른별기금 잔액은 유사영역 기금인 '징검다리기금'으로 통폐합되었다. 이 안에는 론스타의 기부금 잔액이 전혀 없고, 개

인 기부금 잔액만 징검다리기금에 포함되어 있는 상황이었다.

"박원순, 노무현에 상처 줬다"

이런 말에는 정말 가슴이 아팠다. 정말 몰랐던 것일까?

9월 30일 오후 3시, 서울시장 범야권 후보인 민주당 박영선 의원, 민주노동당 최규엽 새세상연구소 소장, 무소속 박원순 변호사의 TV토론회가 생중계되었다.

특히 이날 TV토론회에서 쟁점이 된 것은, 박영선 의원이 "박원순 후보는 노무현 전 대통령의 탄핵소추가 가결되었을 때 '노 대통령이 권한을 남용한 탓'이라고 말해 상처를 줬다."라고 말한 부분이었다.

그러나 이날 송호창 대변인은, 박원순 예비후보가 2007년 3월 12일 CBS '이슈와 사람' 인터뷰에서 대통령 탄핵소추와 관련하여 "헌법에 나와 있는, 국회로서는 정당한 권한 행사 방식"이라며 "대통령의 권한 행사에 문제가 심각하다면 국회로서는 그것을 규제할 수 있고 견제할 수 있는 장치로서 규정은 돼 있다."라고 말하면서, 오히려 "그러한 행사가 과도하거나 그쪽 편에 충족하지 못하는 그런 경우에는 국민들의 반발을 불러올 수 있다."라고 강조하였음을 밝혔다.

그런데 당시 한 인터넷 보수매체가 이 내용을 '탄핵소추 그 후 3년, 박원순 '노 대통령 권한 남용 탓''이라는 제목으로 기사화한 적이 있었다. 원래 인터뷰 도중에 박 예비후보가 '남용'이라는 표현을 사용한 대목은 딱 한 군데였다. 당시 발언을 정리하면 다음과 같다.

"한나라당이 탄핵까지 결의하게 된 것은 대통령의 어떤 인기라든지 이런 행정적인……, 그분들(한나라당)이 보기에는 실수라든지 그런 것들이 있다고는 하지만, 그것이 남용될 때는 어떤 저항을 받는다는 것이다. 그래서 천심이 민심이라는 말이 있다. 민심이 천심이라는……."

한나라당이 주도하던 국회가 대통령의 권한 행사를 규제하거나 견제할 수 있는 권한을 갖고 있지만, 그것이 '남용'될 때는 국민적 저항을 받는다는 뜻이었다. 노무현 전 대통령의 권한 남용이 아닌 국회의 권한 남용을 지적하는 것으로, 기사화된 것과 완전히 반대되는 발언이었던 것이다.

결국 이날 박영선 의원은 '야권 통합'을 말하는 대한민국 제1야당의 후보로서 전 국민과 토론 배심원이 지켜보는 가운데 박원순 예비후보의 발언을 왜곡한 보수언론의 기사를 기정사실화하여 공격한 셈이었다. 박영선 의원이 제기한 이 문제와 관련하여 가장 먼저 사실관계를 정정하고 반박하는 글을 올린 이들은 바로 다수의 일반 시민 트위터리안들이었다.

박영선 의원은 경선 이후 박원순 후보의 든든한 후원군이 되었다.

임태희 대통령 실장의 '대기업 기부금' 발언

10월 2일, 서울시장 범야권 단일후보 국민참여경선을 하루 앞두고 임태희 대통령 실장은 박원순 서울시장 예비후보를 겨냥하여 '대기업 기부금'과 관련된 발언을 했다. 청와대의 선거개입 의도를 보여준 유감스러운 일이었다.

아름다운재단에 대한 대기업 기부와 관련하여 "혹여 순수한 나눔의 차원이 아니면 굉장히 문제가 될 수 있다."라고 한 임 실장의 발언은 '대기업의 기부가 순수하지 않을 수 있다'라는 이미지를 주려

'새로운 서울을 만드는 희망캠프'가 움직이다

는 것이었다.

특히 그의 발언이 대통령의 생각으로 오해될 수 있다는 점에서 더욱 부적절했다. 시민들은 청와대가 선거에 실제 개입하려는 것은 아닌지 의심했다.

이명박 대통령이 입만 열면 '대기업의 사회적 나눔'을 강조하는 마당에 대통령 실장이 "자선사업은 대기업의 본분이 아니다."라고 말한 것은 이 정권의 이중성을 보여줄 뿐이었다. '청와대가 하면 로맨스고, 박원순이 하면 불륜'이라는 반박 글이 온라인을 뜨겁게 달궜다.

10월 23일에는 아름다운재단의 기부금 논란에 대해 보수시민단체들과 한 보수 인터넷매체에서 제출한 고발장을 검찰이 전격적으로 받아들여 수사에 들어가겠다고 밝혔다. 분명 선거에 영향을 미칠 수밖에 없는 조치였다. 검찰의 즉각적인 대응이 청와대의 신호에 부응한 것이 아니었기만을 빈다.

원순 씨에 관한 오해와 진실 - "그게, 이렇지요"

관행적인 선거풍토의 일환으로 초보정치인 박원순의 개인 신상에 대한 각종 의혹이 제기되었을 때, 그는 시종일관 떳떳하고 솔직한 모습을 보여주면서도 사실관계를 적극 해명하여 오히려 시민들

에게 신뢰감을 줄 기회를 잡았다.

그는 원순닷컴에 '오해와 진실'이라는 제목으로 스스로 의혹들을 하나씩 밝히는 글을 게재하여 네거티브 여론에도 의연하게 대처함으로써 시민들을 안심시켰다. 〈원순 씨에 관한 오해와 진실 – 그게, 이렇지요〉 글의 내용을 살펴보자.

첫 번째, '대기업에서 돈을 받았다?'

박원순 후보가 아름다운재단과 희망제작소에서 활동할 무렵 이들 단체가 기업들로부터 받은 기부금 또는 후원금, 그리고 그가 사외이사로서 받은 급여 등과 관련하여 이런저런 말들이 있었다. 하지만 박원순은 그 실상을 알면 금방 설명이 될 내용들이라고 단언했다.

우선 박원순이 2001부터 2010년까지 상임이사로 재직한 아름다운재단은 비영리 공익재단으로, 기업의 기부금이 전액 배분되기 때문에 재단 자체의 활동에 쓰이는 후원금이 아니라는 것이다. 아름다운재단은 '1퍼센트 나눔운동'과 다양한 지정형 기탁기금(맞춤형기금), 기업의 사회공헌 프로그램을 통해 기부문화를 정착하기 위해 노력해왔다.

아름다운재단은 택시기사나 구두수선업자 등 소액 기부자뿐만 아니라, 한국 사회에 노블레스 오블리주 기부문화를 확산시키기 위해 고액기부자와 기업 등으로부터도 기부금을 받아왔다. 기부된 돈의 배분은 적법한 절차에 따라 배분위원회가 결정하게 되어 있으

며, 그 결정에 이사장이나 상임이사가 관여할 수 없다.

　아름다운재단 기부금은 정치활동 또는 사회단체에 대한 후원금과 성격이 완전히 다른데도, 일각에서 이를 혼동하여 마치 아름다운재단이 사회운동단체이면서 대기업으로부터 부적절하게 후원금을 받았다는 식으로 문제를 제기하기도 했다. 하지만 이는 아름다운재단의 성격을 제대로 이해하지 못한 결과일 뿐이라는 이야기다.

음해로 점철된 공세들

박원순 후보가 2006년부터 2011년까지 상임이사로 재직한 희망

제작소는 지난 5년간 민간연구소로서 독자적인 연구와 지원에 의한 연구, 컨설팅 용역 등을 수행해왔다. 희망제작소가 우리 시대의 희망을 찾기 위해 애써온 지역과 현장 연구, 정책 대안 마련 등의 사업들이 갖는 의미는 이미 잘 알려져 있다.

희망제작소가 2006년 삼성의 사회공헌사업에 의해 '우리 시대 희망찾기 연구프로젝트(지원 규모 7억 원)'를 수행한 것도 정상적인 절차에 따른 연구사업이었다. 이 프로젝트의 결과물은 이미 책자로 출판되어 그 내용을 누구라도 쉽게 알 수 있다. 당초 삼성과 20여억 원 규모의 다른 사업도 하기로 상의했으나, 검토과정에서 적절치 않다고 판단하여 계약이 성사되지 않은 바 있다.

희망제작소의 재정 현황을 비롯하여 모금과 배분, 사업과정과 내용은 희망제작소 홈페이지에 모두 공개되어 있으므로, 누구든지 바로 확인할 수 있다.

박원순 후보가 포스코와 풀무원홀딩스 등 대기업 두 곳의 사외이사를 지낸 것은, '기업의 투명경영'이라는 사외이사 제도의 취지에 비추어볼 때 오히려 바람직한 활동으로 평가받는 부분이다.

게다가 박원순은 2004년부터 2009년까지 5년간 포스코 사외이사로서 받은 3억여 원 중 2억 6천만 원을 시민단체활동가 공제조합, 아름다운재단, 희망제작소 등의 공익사업에 기부했다. 2003년부터 2011년까지 8여 년간 사외이사로 재직한 풀무원홀딩스에서도 2억 원의 급여를 받았고, 이 중에서 1억 6천만 원을 동일한 공익

'새로운 서울을 만드는 희망캠프'가 움직이다

사업에 기부했다.

아울러 박 후보는 자신이 사외이사로 재직한 회사들로부터 스톡옵션을 주겠다는 제의를 받기도 했다. 그러나 이를 일언지하에 거절할 정도로 신중하게 처신해왔다는 사실도 잘 알려져 있다.

박 후보를 둘러싸고 대기업과 관련해 떠도는 이러저러한 얘기들은 이처럼 실상을 알고 보면 오히려 그의 진실성을 증명하는 것들일 뿐이다.

두 번째, "강남 대형아파트 외에 아파트가 하나 더?"

시민운동을 하는 사람이 알고 보니 강남의 대형아파트에서 고액의 월세를 내고 살고, 이 아파트 외에도 강남 전세아파트를 하나 더 보유하고 있다는 비난이 있었다. 시민운동가 출신 후보에게 요구되는 근검과 청렴성에 대한 기대와 지적은 겸허히 받아들이나, 그 속사정을 알고 보면 이러하다.

한마디로 정리하면, 시민운동은 '업그레이드upgrade', 재산은 '다운그레이드downgrade'였다. 박 후보는 1년여간의 검사 생활 후 1983년부터 변호사 생활을 하면서 여유가 좀 생겼다. 이태원에 아파트도 사고, 동교동 단독주택에서 살기도 했다. 그러나 1993년경 유학 생활에서 돌아와 시민운동에 투신한 이후로는 집을 보유한 적이 없었다.

그나마도 전세로 시작했지만 점차 '다운그레이드'됐고, 전세보증금도 거의 까먹어서 현재 보증금 1억 원짜리 월세아파트에 살고 있

다. 2008년경부터 살고 있는 현재 아파트는 지금 시세로 볼 때, 전세로 6억 원 가량이며, 월세로는 보증금 1억 원에 매달 250만 원 수준이다. 다행히 '착한' 집주인을 만나 아직까지 월세금이 그대로다.

물론 서민들의 시각으로 봤을 때 결코 '싼' 것이 아니다. 그렇지만 과거에 이른바 '잘나가는 변호사'로 살다가 시민운동을 시작하면서 많은 재산을 시민운동단체에 쾌척해 왔고 현재도 소득의 대부분을 기부하고 있음을 알아주길 바라는 마음뿐이다.

강남에 전셋집이 하나 더 있다는 의혹은, 박 후보의 배우자가 인테리어 디자인회사 법인 설립을 등기하면서 등록한 예전 주소가 이후에 변경되지 않아 불거진 해프닝이었다. 그곳에서는 2000년 5월부터 2006년 12월까지 살았고, 이후 잠원동을 거쳐 현재의 집에서 살고 있다.

박원순이 이끌어온 시민운동은 참여연대에서 아름다운재단, 아름다운가게 그리고 희망제작소를 거치면서 계속 '업그레이드'되었다. 하지만 그 시기에 박원순의 사재는 계속 '다운그레이드'된 셈이다. 전세에서 월세로 옮기고 그나마 보증금마저 빼내 써야 하는 실정이었지만 불만 없이 살려고 노력해왔다. 그것으로 우리 사회의 변화에 작게나마 기여할 수 있다고 믿었기 때문이다.

강남 사람이 서민의 아픔을 알겠느냐는 지적에, 박 후보는 많이 아파했다. 더 낮은 자세로 서민의 아픔을 경청하고 그분들의 삶의 질을 높이는 데 진력하겠다는 것이 박 후보의 생각이다.

부인의 '생계형' 사업에 대해서도 할 말이 많았다. 박원순 후보는 우선, '존경받는 시민운동가의 아내와 아들, 딸'에서 졸지에 '검증대상'으로 전락해버린 가족들에

논란이 된 박원순 후보의 집 내부. 사방이 책으로 가득해 마치 도서관을 연상시킨다.

게 말할 수 없이 미안한 마음을 느껴야 했다. 그렇지만 그는 '이 또한 지나가리라. This too will pass away.'라는 생각으로 마음을 비우고 꿋꿋이 선거일정을 수행했다.

모 인터넷 언론에서는 박 후보의 배우자 강난희 씨가 국문학과 철학을 전공했는데도 인테리어 디자인 회사를 운영하며 아름다운재단, 아름다운가게, 현대모비스 등 각종 대형공사를 수주했다고 의혹을 제기했다. 참으로 안쓰러운 '끼워 맞추기', '아니면 말고 ' 보도의 전형이었다.

영국에서 귀국한 박 후보가 시민운동에 투신하면서부터 졸지에 생계를 책임지게 된 강난희 씨는, 사업 아이템을 찾다가 평소 관심이 있던 인테리어 디자인 공부를 시작했다.

기왕 공부를 시작했으니 이참에 확실히 하겠다며 프랑스 인테리어 디자인 전문교육기관의 서울 분교에서 2년간 교육과정을 이수했다. 수료 후에는 같은 교육기관 연구소에서 1년여간 인테리어 디자인 프로젝트에 다수 참여하며 실전 경험을 쌓았다.

강난희 씨는 그 뒤에도 2년여간 프리랜서로 병원, 상가 등의 공사를 진행하면서 다양한 인테리어 경험을 축적했고, 2000년 7월에 비로소 자신의 회사 '피앤피 디자인'을 시작했다. 개인사업자로 설립하여 현재까지 운영하면서 인테리어 디자인 업계에서 나름의 인정을 받고 있다.

반드시 신문학을 전공해야만 신문기자가 될 수 있는 것이 아니듯

아름다운가게 안국점 모습

이, 국문학이나 철학을 전공한 뒤에도 디자인 회사를 운영할 수 있다. 오히려 학부 전공과 직업이 100퍼센트 연관되어야 한다고 믿는 언론사가 우리나라에 있다는 것 자체가 놀라울 뿐이다.

사실 강난희 씨의 디자인 회사가 아름다운재단, 아름다운가게 등의 공사를 도맡아서 하고 있다는 의혹은, 2년 전 국회 정무위 국감에서 등장하였다가 조용히 사라진 '흘러간 노래'다. 당시 한나라당 의원이 문제를 제기하였는데, 이번에 또 다른 언론사가 이를 다시 보도한 것이다.

아름다운가게는 현재 전국에 130여 개 매장을 갖고 있는데, 피앤피 디자인은 주로 초창기에 약 18개 매장의 공사를 맡았다. 총 공사비가 8억여 원 정도 들었으니, 매장 하나의 공사단가는 4~5천만 원 수준이었다. 내부 인테리어와 외부 사인 작업까지 포함된 금액이다.

아름다운가게는 비록 중고매장이었지만, 고급스러운 이미지를 추구했다. 나눔 문화를 전파하려면 오히려 세련된 콘셉트가 필요하다는 전략에서였다. 하지만 이익도 박하고 결제조건도 열악하며 촉박한 일정에 설계 변경까지 잦은 아름다운가게의 인테리어를 맡는 것은, 다른 디자인 업체들에게 일종의 '폭탄'이었다. 아름다운가게 실무자들의 강권에 못 이겨 피앤피 디자인은 사실 '울며 겨자먹기' 식으로 인테리어 공사를 떠맡았다.

사적인 부분까지 공격의 대상

이 밖에도 강난희 씨가 회사를 설립한 지 1년이 안 된 시점에서, 아름다운재단을 적극 후원하던 대기업 현대모비스의 설계 시공권을 따낸 것에서부터 창업 3년 만에 수십억 원의 매출실적을 올린 것에 이르기까지 다양한 의혹이 제기되었다. 결론적으로 말하면, 모두 박 후보와 무관하게 이루어진 일이었다.

강난희 씨는 당시 지인의 소개로 다른 업체와 공동으로 현대모비스(구 현대정공) 공사를 수주했는데, 다행히 좋은 평가를 받으면서 다른 공사까지 맡을 수 있었다. 이후 현대정공이 현대모비스로 개명하고 사업을 확장하는 과정에서 다양한 공사를 함께 진행한 것이다.

아울러 아버지의 선거를 돕지 못해 미안해하던 딸과 아들에 대해서까지 의혹이 제기되었다. 박원순 후보의 딸이 해외로 '사치성 유학'을 떠났는데 그 비용을 어떻게 충당하는지 궁금하다는 것이었다.

'새로운 서울을 만드는 희망캠프'가 움직이다

'사치성 유학'이란 일반적으로 국내에서 학업에 적응하지 못해 도피성으로 해외 유학을 떠나는 경우를 말하는데, 박원순의 딸은 전혀 그런 경우가 아니었다. 박 후보의 딸은 2011년 초 법과대학을 졸업한 후 법학석사과정LL.M.을 밟으러 스위스의 제네바 아카데미(정확한 명칭은 The Geneva Academy of International Humanitarian Law · Human Rights)로 떠났다. 처음 의혹이 제기된 것은 집 떠난 지 두 달이 채 안 되었을 때였고, 유학기간도 겨우 1년이었다. 유학 비용은 장학금으로 충당하여 부모의 걱정을 덜어주었다.

제네바 아카데미에 장학금을 신청하여 전액 장학금을 받았는데, 이 돈은 제네바 아카데미가 확보한 장학재원으로부터 나오는 것이다. 딸은 아버지의 선거를 돕지 못해 매우 미안하지만 대신 1년 만에 꼭 '검소하게' 끝내고 돌아오겠다며 자신의 각오를 밝혔다고 한다.

아들은 2011년에 모 대학교 건축학과를 졸업하고 대학원 진학을 준비하다가, 박원순이 선거에 출마하기로 뜻을 밝히기 한 달 전쯤인 8월 말에 공군에 지원하여 훈련소에 입소했다. 그런데 입소한 지 사흘 만에 귀가 조치되어 돌아왔다. 고교시절 축구시합에서 당한 부상의 후유증이 남아 있었던 것인데, 훈련 중에 통증이 심해져 사회에서 치료를 받은 후에 귀대하라는 조치가 내려진 것이다.

선거 준비 당시 모 대학병원에서 통원치료를 받고 있었는데, 이후 재검을 받고 다시 입대를 준비할 예정이었다. "이럴 줄 알았으

면 입대 일을 조정해서 아버지 선거를 도울 걸 그랬다."라고 그는
말하였다.

박원순 후보 병역이 문제 있다고?

10월 7일경부터는 박원순 후보의 군 복무와 관련하여 또다시 의
혹이 제기되었다. 하지만 박원순 후보는 정당한 이유로 인해 보충
역에 편입되어 군 복무를 마쳤다.

박 후보는 1969년 13세 때 작은할아버지의 양손(養孫)으로 입적돼
그로부터 8년 후인 1977년에 독자(獨子)의 사유로 보충역(6개월)에 편
입되었다. 당시 창녕군 장마면 사무소로 발령받았고, 행정착오로 8
개월간 복무를 했다.

당시 양손으로 입양된 것은 강제 징용되어 사할린으로 간 작은할
아버지가 실종되었기 때문이다. 작은할아버지 가계의 대를 잇기 위
해 옮겨진 박원순 후보의 호적은 군 복무를 마친 뒤에도 그대로 유
지되었다.

2000년에 작은할아버지의 실종선고가 확정됨에 따라 박원순 후
보의 호적이 독립 호적으로 분리되었다. 작은할아버지의 제적등본
에는 '양손 입양'으로 입양 사유가 기재되어 있어, 사실상 박원순
후보의 군 복무와 관련해 아무런 법적 문제가 없다.

　박원순 후보의 군 복무와 관련한 의혹 제기는 아무런 근거가 없는 악의적 흠집 내기에 불과했다. 재미있는 것은, 나경원 후보의 남편이 3대 독자라는 이유로 군 복무를 면제받았는데 갑자기 그에게 작은아버지가 있다는 제보가 나왔다는 것이다. 박원순 후보의 병역에 대한 꼬투리 잡기는 그 뒤 슬그머니 줄어들었다.

어찌보면 고맙기도 한 신지호 의원

　한나라당 측의 박원순 후보에 대한 네거티브성 인신공격은 계속되었다. 그러나 '자살골'을 넣는 경우도 많았다.

　TV토론회에서 '폭탄주 생방송'으로 파문을 일으킨 신지호 전 나경원 후보 선대위 대변인이 그렇다. 그는 10월 11일, 이번에는 징용과 징병을 구분하지 못하고 '뉴라이트 역사관'을 노출해 물의를 빚었다.

　이날 아침 신지호 의원은 박원순 후보의 작은할아버지가 강제징용을 당한 것이 사실은 거짓말이라고 뜬금없는 공격을 퍼부었다. 신지호 의원은 "박원순 서울시장 야권 단일후보의 작은할아버지가 1945년에 사할린으로 갔다면, 이것은 모집에 의해 간 것이지 형의 징용 영장을 대신해서 끌려간 것일 수 없다."라고 지적했다. 그러나 그의 발언은 바로 사실이 아닌 것으로 드러났다.

신지호 의원이 주도하던 뉴라이트 인사들이 주축이 된 '교과서포럼'에서 출판한 대안교과서에서조차 일본 제국주의에 의한 강제징용이 1938년부터 시작되었다고 기술되어 있다. 게다가 신 의원이 2010년 2월에 공동 발의한 '대일항쟁기 강제동원 피해 조사 및 국외 강제동원 희생자 등 지원에 관한 법안' 2조 3항을 보면, 지원대상자의 범위를 '1938년 4월 1일부터 1945년 8월 15일 사이에 일제에 의하여 국외로 강제 동원된 사람들'이라고 규정되어 있다.

본인이 발의한 법안에도 1938년부터 1945년 사이에 강제동원된 사람들이 있었다고 적시했으면서, 박원순 후보를 공격할 목적으로 그 법안의 문안 내용조차 부정한 것이다.

결국 신지호 의원은 박원순 후보를 공격하기 위한 네거티브에 너무 몰두하다가 그만 역사적 사실관계조차 왜곡하는 모습을 보인 셈이다. 신 의원의 발언은 일제에 의해 강제징용을 당한 수많은 피해자들과 후손들을 욕보이는 행위나 다름없다.

신지호 의원이 '자발적 징용'을 운운한 것은 일본 제국주의자들이 일관되게 주장한 내용이며, 바로 이 문제 때문에 태평양전쟁 당시에 희생된 희생자와 유족 들이 끊임없이 일본 정부와 싸워온 것이다. 어떻게 대한민국의 국회의원이 일본 제국주의자들의 주장에 편승하여 강제징용된 사실을 자발적 징용으로 둔갑시킬 수 있는지 이해할 수가 없다.

이날 우상호 대변인은 "신 의원은 더 이상 횡설수설하지 말고 국

'새로운 서울을 만드는 희망캠프'가 움직이다

민과 서울시민 앞에 공개 사과하라."라고 촉구했다.

네거티브 선거의 극에 다다른 학력위조 의혹

10월 11일에는 안형환 한나라당 의원이 "박원순 후보가 단국대 다니면서 어떻게 춘천지법 등기소장을 겸임할 수 있느냐?"라며 '학력위조' 의혹을 제기했다. 하지만 사실은 전혀 달랐다.

박 후보는 1978년 12월부터 1979년 8월까지 8개월간 정선등기소장으로 근무했으며, 1979년 3월에 단국대 사학과에 입학함과 동시에 1년간 휴학을 했다. 이듬해 3월에 복학했고, 같은 해 6월 사법시험에 합격(22회)했다. 사법연수원을 수료한 뒤 1982년 8월부터 1983년 8월까지 1년간 대구지검 검사로 근무했고, 1985년 2월에 단국대를 졸업했다.

당시 단국대는 본교 사시·행시 준비생 및 합격생 등에게 '전부수강제도(야간수강 인정, 리포트 대체 등)'라는 혜택을 부여했고, 박 후보는 이를 통해 학업을 병행할 수 있었다. 그럼에도 박 후보는 사법연수원 기간과 검사 생활 중 두 학기(1981년 2학기, 1983년 1학기)에 걸쳐 학사경고를 받는 등 학업에 어려움을 겪었고, 1984년에 1, 2학기를 재수강하면서 간신히 졸업할 수 있었다.

박 후보는 법원공무원 시절에 대학에 재학한 바 없으며 사법연수

원과 검사 시절에 전부수강제도를 통해 학점을 이수했음을 곧바로
공식적으로 발표했다.

일단 던져놓고 보자는 한탕주의적 네거티브가 극에 다다른 때
였다.

"한나라당, 근거 없는 네거티브를 당장 중단하라"

이것이 과연 기성 정치판의 실체일까. 모르던 바는 아니었지만,
무엇보다 과정을 중시하는 시민단체의 기풍에 한동안 익숙해져 있
던 나로서는 절로 고개를 저을 수밖에 없었다.

10월 9일, 〈한나라당, 근거 없는 네거티브를 당장 중단하라〉라는
송호창 대변인의 성명이 발표되었다.

서울시장 선거를 앞두고 한나라당이 벌이고 있는 근거 없는 네거티
브 공격은 한심하고 안쓰럽다. 이번 선거는 그야말로 새로운 시대와
낡은 시대의 대결이다. 근거 없는 네거티브 공세는 구태정치의 표본이
다. 집권당의 대표까지 나서서 자행하는 무책임한 네거티브 공세는 변
화를 바라는 서울시민들의 열망에 찬물을 끼얹는 일이다.

지금 시민들은 지치고 힘들다. 시장후보들에게는 변화와 새로움으
로 서울을 바꿔 희망을 보여줄 책임이 있다. 나경원 후보와 한나라당

의 네거티브 선거는 오히려 역풍을 부르고 변화의 정당성을 높이는 결과를 가져올 것이다.

이러한 비방과 흑색선전은 전형적 구태정치다. 바로 이런 정치현실을 바꾸라고 시민들이 박원순 후보를 불러세운 것이다.

희망을 말하며 경쟁하기에도 시간이 부족하다. 미래를 말하며 경쟁하기에도 시간이 부족하다.

박원순 후보는 시민만 보고 갈 것이다. 미래를 향해 나아갈 것이다.

이러한 박원순 후보 측의 발표에도 나경원 후보 측의 네거티브 공세는 계속되었다. 10월 14일에는 강용석 의원이 블로그를 통해 박원순 후보의 하버드 대학 로스쿨 경력이 허위라고 주장했고, 이를 나경원 후보 측의 안형환 선대위 대변인이 인용하여 또다시 네

거티브 공세를 가했다. 흑색선전도 탄력을 받는구나 싶었다.

결국 각 학교에서 박원순 후보의 경력을 확인해주는 문서를 발급받아 그들의 주장이 거짓임을 밝혔다. 국제적 비아냥거리로 비춰질 수도 있는 해프닝이었다.

박원순 후보는 즉각 강용석, 안형환을 허위사실 유포 혐의로 고소했다. 공직선거법 250조는, 후보자에 관하여 허위사실을 유포한 자에게 7년 이하의 징역 또는 500만 원 이상 3천만 원 이하의 벌금에 처하도록 규정하고 있다.

일관된 네거티브 전략, 언론도 가세

나경원 후보 측은 선거 초반부터 내내 네거티브 전략을 구사했다. 그것이 유일한 선거 전략인 것처럼 보였다.

한나라당 대표를 비롯하여 의원들까지 총공세를 퍼부으며 각종 의혹을 제기하고 상대의 해명을 요구하다가도, 정작 사실관계를 뒷받침하는 자료가 나오면 얼버무리고 넘어갔다. 박원순 후보가 해명하려고 하면, 조금도 듣지 않고 자르기 일쑤였다.

민주언론시민연합의 모니터링에 따르면, KBS · MBC · SBS 지상파방송 3사가 박원순 후보에 대한 한나라당의 네거티브 공세는 적극 보도하면서 나경원 후보에 대한 의혹은 외면하고 있다는 분석이

나왔다. 또 조중동을 비롯한 일간신문들 역시 박 후보에게 불리하
게끔 지면을 편집하는 등 편파보도가 심각했다.

구체적으로 살펴보면, 방송 3사가 두 서울시장 후보에 관해 보도
한 내용은 양과 서술 방향에서 확연한 차이를 보였다. 10월 10일부
터 19일 동안 보도한 내용을 분석한 결과, KBS와 SBS가 나 후보의
의혹을 제기한 기사 건수는 각각 5건과 4건인 반면, 박 후보의 의혹
을 다룬 기사 건수는 KBS 10건, SBS 9건으로 2배 이상 많았다.
MBC도 나 후보 관련 의혹 보도는 8건, 박 후보 관련 의혹 보도는
12건으로 차이를 보였다.

신문보도 역시 마찬가지였다. 《조선일보》는 모니터 기간 동안 나

후보에게 제기된 의혹을 5건만 보도한 데 반해, 박 후보의 의혹은 13건이나 보도했다.《중앙일보》도 나 후보에 대한 의혹은 4건, 박 후보에 대한 의혹은 21건을 보도했다.

《동아일보》의 경우는 3개 신문 가운데서도 편향성이 가장 심했다. 나 후보에 대한 의혹 보도는 1건밖에 없는 반면, 박 후보에 대한 공격성 기사는 21건이나 보도되어 20배 이상의 차이를 보였다.

D-7, 네거티브 없는 '아름다운 선거'에서 '맞불 공세'로

이제 더는 두고 볼 수만 없는 상황에 다다랐다.

서울시장 선거가 종반으로 접어들면서 나경원 후보와 한나라당의 네거티브 전략이 더욱 부각되었다. 유권자들에게 지지와 선택을 받기 위해 치열한 경쟁을 펼치는 상황에서도, 박원순 후보는 네거티브 전략이 등장하지 않는 선거혁명을 기대했다.

그러나 선거 초반부터 계속된 한나라당의 네거티브가 효과를 내면서 박원순 후보의 지지율 하락으로 이어지고 있다는 내·외부의 판단에 따라 선거전략의 급선회가 이루어졌다. 이제 단순히 공정한 경쟁, '아름다운 선거'만을 지향할 것이 아니라 반MB·반한나라당 공세를 강화해야 한다는 데 뜻을 모았다.

10월 19일에 우상호 선대위 대변인은 현안 브리핑을 통해 'MB

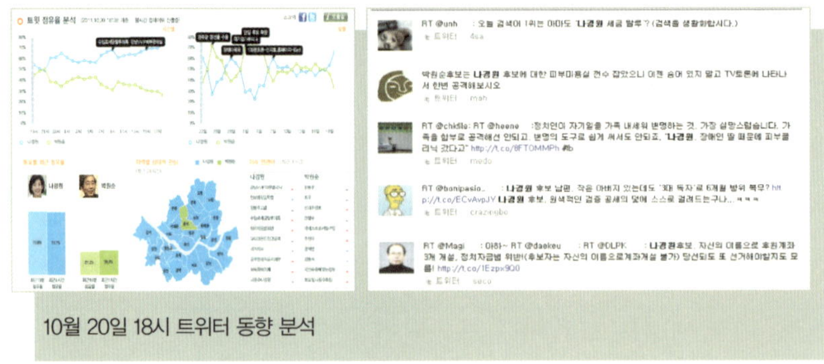

10월 20일 18시 트위터 동향 분석

내곡동 사저 문제', 나경원 후보의 아버지 학교 감사 배제 청탁 의혹, 인터넷 사이트 '오세오닷컴'에 나 후보의 약력이 서울대 대학원 법학박사로 표기된 것에 대해 해명을 요구했다.

소극적인 대처에서 적극적인 '맞불 공세'로 전환하기 시작한 것이다. 선거캠프나 야권 측에서 나경원 후보에 대한 의혹 카드를 꺼내든 한편, 누리꾼들도 자발적으로 나 후보의 의혹을 조사했고 언론에서 심층취재가 이어지기도 했다. 시민들의 참여로 '맞불 공세'가 더욱 가속화되었다.

시사주간지《시사IN》10월 20일자에는 '나경원 억대 피부클리닉 출입 논란'이라는 제목의 기사가 실렸다. 이 글을 통해 나경원 서울시장 후보가 강남 지역에서도 초호화급으로 분류되는 피부클리닉에 상시 출입해온 사실이 보도되었다.

그리고 이날 나경원 의원의 전 보좌관 김학영 씨가 블로그에 '내가 나경원 서울시장을 반대하는 이유'라는 제목으로 게재한 글이

인터넷상에서 회자되면서 나 후보에 대한 누리꾼들의 자발적인 공세가 폭발적으로 증가했다.

이날 트위터에서 집계된 나경원 후보의 점유율과 연관어 및 주요 트윗의 내용을 살펴보면 이를 실감할 수 있다.

Part 4

시민과 함께한 선거문화의 혁명
– SNS 선거전

뉴미디어를 활용한 새로운 선거혁명

서울시장 보궐선거를 치르면서 가장 기억에 남는 것은, 'SNS 민주주의'라는 이름의 새로운 선거운동 방식이었다. 그동안 선거에서 SNS가 활용된 전례가 전혀 없는 것은 아니지만, 이번 선거에 이르러 그 가능성을 활짝 꽃피울 수 있었기 때문이다. 이러한 경험은 앞으로 치러질 선거에서도 반드시 주목해야 할 소중한 교훈으로 남았다.

"우리가 바라는 서울은
○○○한 서울이에요!"

박원순의 희망캠프에서는 트위터폴http://twtpoll.com을 통해 일반 시민들로부터 슬로건을 공개 모집했다. 총 705명의 사람들이 선거캠프의 슬로건을 선정하는 데 참여해주었다.

먼저 '새로운 서울을 위한 희망캠프'에 총 48퍼센트에 달하는 327명의 사람들이 손을 들어주었다. 새로운 서울을 원하는 시민들의 열망이 담긴 것이다. 다음으로 120명의 지지로 총 17퍼센트를 기록한 '서울시민을 위한 소통광장'에도 호응이 뒤따랐다. 지금 서울시민에게 꼭 필요한 것은 소통이 이루어지는 광장이라는 사실을 증명한 셈이다.

그리고 총 38퍼센트에 달하는 258명의 시민들이 창의력이 돋보이는 새로운 의견을 주었다. 그 어떤 것이라도 바로 이용할 수 있을 만큼 참신한 아이디어들이었다. 시민들이 직접 제안한 슬로건의 키워드를 분석해보니, '서울', '희망', '시민', '행복', '함께', '사람' 등의 키워드가 대부분이었다. 공통된 키워드만 나열해봐도 제법 그럴듯한 슬로건이 만들어질 정도였다.

그 가운데 '서울부터 바꾸자, 한국이 살아난다'(5명), '서민도 행복한 희망서울캠프'(4명), '사람 사는 서울'(3명), '새로운 서울을 준비하는 희망제작소'(3명), '나부터 바꾸자, 서울이 살아난다'(3명), '위대한 서울로'(2명), '새 서울 희망캠프'(2명), '함께 가는 우리'(2명), '행복한 서울을 위한 희망캠프'(2명), '행복한 서울희망축제캠프'(2명), '내 한 표로 서울을 바꾼다'(2명), '사람과 사는 도시, 서울'(2명), '우리 안의 서울'(2명) 등의 슬로건이 눈에 띄었다. 이 밖에도 주목할 만한 슬로건들이 쏟아졌다.

시민들과 함께한 선거 만들기

서울** : 그저 평범한 서울이면 좋겠어요. 다른 곳보다 앞서 나가지도 말고 끌고 나갈려고도 하지 말고, 원리 원칙대로 약한 사람은 도와주고 강한 사람은 약한 사람 배려해주는 그런 곳이요.

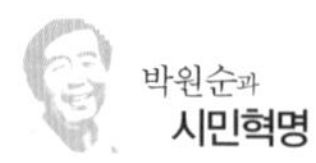

박원순이 예비후보로 등록하고 이제 본격적인 서울 희망 만들기에 돌입하였을 때다.

원순닷컴에 "'우리가 바라는 서울은 ○○○한 서울이에요!' 하고 외쳐봐요!'라는 제목으로 시민들이 바라는 서울은 과연 어떤 서울인지 댓글을 달아달라고 부탁하는 페이지가 마련되었다. 시민과 함께 희망찬 서울을 만들어가는 데 필수적인 과정이기도 했다.

트위터와 페이스북 등에서도 '우리가 바라는 서울'에 대해 선거캠프가 대화를 해야 한다는 요구가 나오기도 했다.

다양한 서울시민들의 소망부터 크고 작은 정책들과 민원에 이르기까지 서울시장 박원순을 상징으로 하는 새로운 서울에 대한 기대가 쏟아졌다.

10.3 시민경선 참여를 위한 트윗 릴레이

어느 날은 트위터에 어떤 분이 재미난 포스터를 만들어 올렸다. 영화 〈혹성탈출〉의 포스터를 패러디하여 만든 포스터였다. 박원순 후보가 서울 진화의 시작이 될 것이

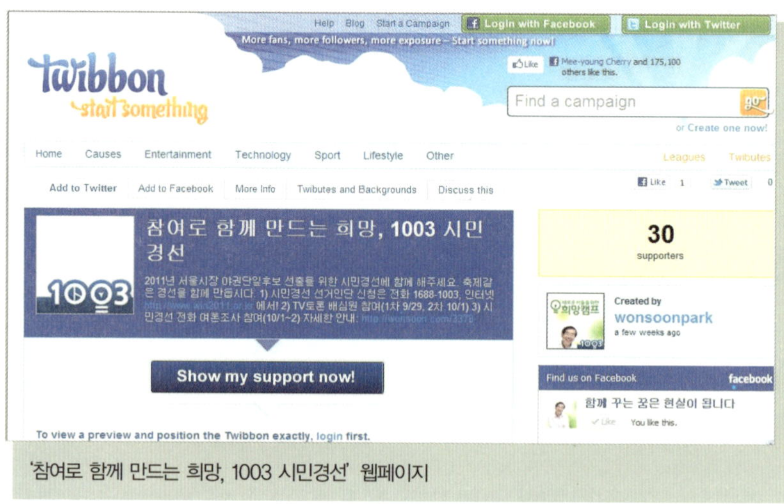

'참여로 함께 만드는 희망, 1003 시민경선' 웹페이지

라는 메시지가 담겨 있다. 그리고 그 첫 번째가 시민경선 참여가 될 것이라는 설명을 덧붙였다. 그 포스터는 한동안 희망캠프 홈페이지 메인화면에 게재되었다.

"10.3 시민경선 참여를 위해 트위터에 리본을 달아봐요!"

서울시장 야권 단일후보를 선출하기 위한 시민경선이 계속 진행되던 가운데, 특히 경선 선거인단 신청부터 독려하는 활동이 이어졌다. 선거인단 신청은 9월 27일 정오부터 전화와 인터넷을 통해 접수하는 방식이었다.

모두가 함께 참여하여 시민후보를 선출하고, 축제 같은 국민경선을 만들자는 취지로, 트위터와 페이스북 프로필 사진에 리본을 달아보는 캠페인도 준비되었다.

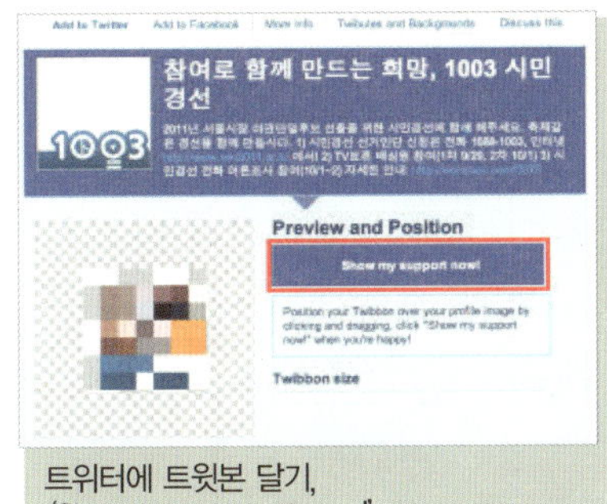

트위터에 트윗본 달기,
'Show my support now!'

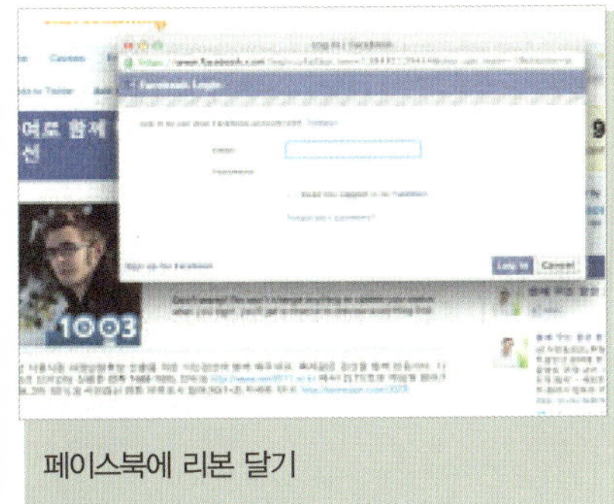

페이스북에 리본 달기

리본 달기 트윗본 캠페인

그뿐만 아니라 선거인단 신청 페이지에서 나만의 인증 샷 만들기 캠페인도 있었다. 트위터와 페이스북에서 각각 리본을 달고, 경선 선거인단 등록 온라인 페이지로 이동해서 공인인증서를 통해 선거 인단으로 등록한 다음에, 신청 확인 웹페이지에 인증 샷을 올리는 것이다.

선거인단 신청을 전화로 했다면, 신청 확인 문자 메시지를 인증 샷으로 남겨 트위터나 페이스북에 올리는 방법도 가능했다.

"10월 3일! 함께 백팩을 메고 원순 씨를 응원하러가요!"

서울시장 야권 통합후보 국민참여경선을 앞두고 원순닷컴에는

야권 단일후보 선출을 위한 선거인단 웹페이지
(http://www.win2011.or.kr)

이런 글이 올라오기도 했다.

"내일 장충체육관으로 투표하러 가실 거죠? 근데 우리 내일 서로 어떻게 알아보죠? 아! 함께 백팩을 메고 원순 씨를 응원하러 가는 건 어떨까요? 원순 씨는 항상 백팩을 메고 다니시잖아요. 우리도 백팩을 메요! 원순 씨의 무거운 짐, 함께 나눠요."

통합경선 현장, 축제는 트위터에서도

10월 3일 서울시장 야권 단일후보 국민참여경선 날, 트위터에서 다수의 시민들이 스스로 거침없이 트윗을 쏘아 올렸다. 이번 경선은 서울을 넘어 전국적으로 많은 이들의 관심을 받은 축제의 장이나 다름없었다.

박원순과
시민혁명

“원순 씨의 무거운 짐 함께 나눠요!”

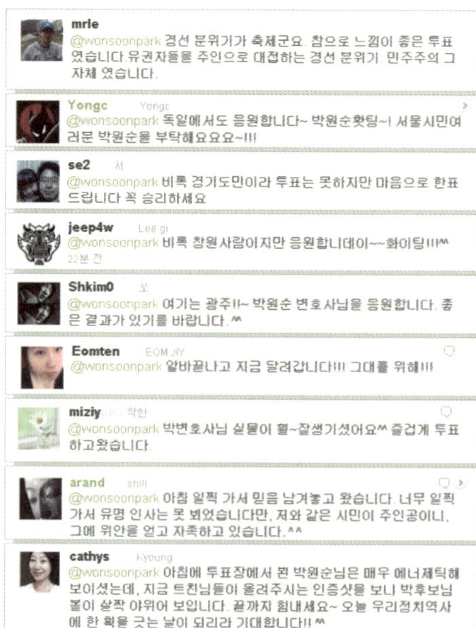

그 분위기를 보여주는 시민들의 트윗을 몇 가지 소개해본다.

경선이 축제라니……, 민주주의 그 자체를 잘 드러내주는 분위기였다. 투표로 데이트하는 신기원을, 10월 26일에 만들어보자는 이야기도 나왔다.

이날 경선에 국내외에서도 초미의 관심이 쏟아졌다. 우리나라의 경기도에서도, 창원에서도, 광주에서도, 멀리 독일에서도, 뉴질랜드와 호주에서도 응원과 관심이 쇄도했다.

'원순 씨'를 그대라 부르며 '알바' 끝나자마자 투표하러 달려간다는 미모의 여성분이 보낸 트윗도 있었고, 박원순 예비후보의 실물이 훨씬 잘생겼다는 격려(?)의 트윗도 있었다. 아침 일찍 '믿음'을 남겨놓고 왔다는 트윗도 눈에 띄었다.

박원순 후보의 건강을 염려해주고 챙겨주는 트윗도 마음을 따뜻하게 해주었다. 박지성 선수에 지지 않는 체력과 강철 심장으로 끝까지 지치지 않고 새로운 역사의 날을 만들겠다는 원순 씨의 다짐

투표를 마친 후 트위터에 인증 샷을 올린
어느 시민 부부

야권 단일후보 경선에 참여한 조국 교수

이 뒤따랐다.

경선에 대한 시민들의 기대를 반영하듯 투표율은 껑충 뛰어올랐고, 여기저기서 투표 인증 샷을 찍는 등 다 함께 경선을 즐기는 축제 분위기가 연출되기도 했다.

특히 이날 현장에서는 조국 서울대 법학전문대학원 교수, 공지영 작가가 인기를 모았다. 조국 교수는 장충체육관에 도착해서 투표를 하고 인증 샷을 찍어 트위터에 올렸다. 그는 이날 오전에 "서울시장 선거 야권 후보로 누굴 뽑아야 본선에서 승리하고 진보개혁진영의 혁신과 통합을 촉진할 것인가. 이것이 고민의 핵심……. 축제 같은 경선을 기대한다."라고 트위터에 적기도 했다.

또 오후에는 트위터에 "선거결과를 예언합니다. 경남 창녕이 고향이고 민생 중심 서울행정을 지향하는 ㅂㅇㅅ 후보가 될 것입니다!"라고 올리기도 했다. 박원순, 박영선 후보 모두 경남 창녕 출신으로 이름의 초성까지 같은 것을 생각한 위트 있는 멘트였다.

한편 공지영 작가는 투표장 앞에서 사인회를 가지기도 했다.

투표 인증 샷 아이디어를 낸 박원순 팬클럽 회원과 나눈 인터뷰를 통해, 시민들의 참여 열기로 훈훈했던 국민참여경선 투표장 풍경을 좀 더 자세히 들여다보자.

고유래(여, 36, 혜화동, 박원순 팬클럽 회원)

Q : 인증 샷 놀이에 대한 반응이 뜨거운데, 누구 아이디어인가요?

A : 팬클럽 회원 한 분의 아이디어였어요. 자발적인 아이디어이기에 더 가치 있지 않나요? (웃음)

Q : 인증 샷 놀이를 시작하게 된 계기는요?

A : 국민경선이 말로만 국민경선이에요. 아는 사람들만의 잔치 같아 보였어요. 더 많은 사람의 실제적인 요구와 참여가 이뤄져야 한다고 판단했어요. 이 분들의 흥미와 참여를 유도하는 게 중요하다고 생각했어요. 꼭 무슨 즐거운 이벤트 같지 않나요? (웃음)

Q : 조국 교수, 공지영 작가, 《딴지일보》 총수 김어준 씨가 게스트로 참여해주고 계시는데, 이유가 뭐라고 생각하세요?

A : 그만큼 이번 경선에 시민들이 많이 참여하는 것이 중요하다고

판단해서 흔쾌히 수락해주신 것 같아요. 안철수 현상만 봐도 그렇고……. 아무튼 시민들이 정치에 대해 많은 관심을 갖고 참여하는 것이 더 격려되어야 한다고 느낄 수 있었던 계기가 되었습니다.

SNS 선거혁명을 일으키다!

박원순 후보의 희망캠프에서는 시작부터 SNS를 활용한 선거전략에 많은 비중을 두고 있었다. 이를 위해 여론 동향과 점유율, 지역별 후보에 대한 관심도 등을 실시간으로 파악할 수 있는 사이트가 유용하게 활용되었다.

날마다 SNS에서의 치열한 공방전과 온라인상에서의 동향을 파악하면서 선거전략에 판단 자료로 활용하기도 했다. 트위터들의 자발적인 활약은 실로 대단했다.

실제 야권 단일후보 경선 과정에서 SNS상에 드러난 두 후보의 동향을 통해서 그 영향력을 짐작해볼 수 있다. 《동아일보》는 10월 5일자 지면을 통해 'SNS로 보는 대한민국, 박원순 '트위터전戰' 압승'이라는 제목의 기사를 게재하기도 했다.

SNS로 보는 대한민국, 박원순 '트위터전' 압승

범야권 서울시장 후보 단일화 경선 과정에서 민주당의 '조직'을 SNS라는 '바람'으로 맞서 승리한 박원순 변호사는, 트위터 공간에서도 민주당 후보였던 박영선 의원을 압도한 것으로 나타났다.

《동아일보》가 10월 4일 SNS 전문기업인 소셜메트릭스의 도움을 받아 9월 27일부터 야권 단일후보가 결정된 10월 3일까지 트위터에 나타난 '박원순'과 '박영선' 관련 글 11만 5,100여 건을 분석한 결과, 박 변호사에 관련된 글이 박 의원보다 평균 두 배가량 많았다. 박 의원에 관한 글이 박 변호사보다 많은 날은 하루도 없었다. 조사 기간에 트위터에 오른 이들 관련 글의 99퍼센트 이상은 서울시장 경선과 연관되어 있었다고 소셜메트릭스 측은 밝혔다.

특히 선거인단 투표(시민참여경선)가 치러진 10월 3일에 박 변호사 관련 글은 전날보다 73퍼센트 늘어난 1만 7,377건을 기록했다. 박 의원은 전날보다 14퍼센트 증가한 6,777건에 그쳤다. 이는 민주당의 막판 조직 동원에 맞서 박 변호사 지지층이 SNS를 통해 결집하였음을 시사한다.

실제로 10월 3일 트위터에서는 "민주당이 '버스떼기(지지자들이 버스를 타고 투표장에 가는 것)'를 하고 있는

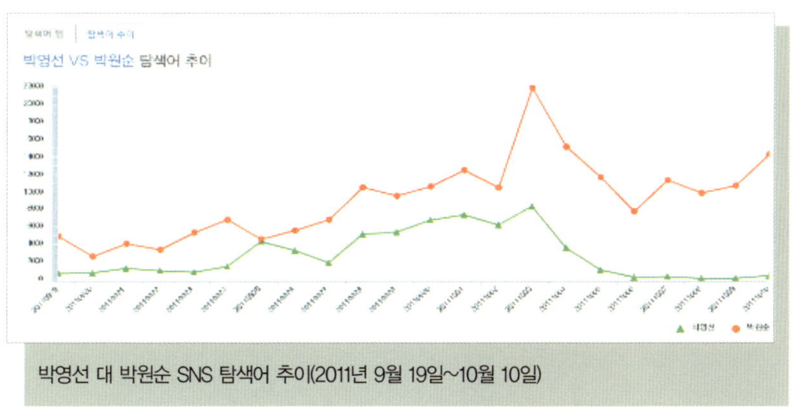

박영선 대 박원순 SNS 탐색어 추이(2011년 9월 19일~10월 10일)

데, 우리는 '지하철떼기(지하철을 타고 투표장 가는 것)'를 하자."라는 식의 글이 박 변호사 지지자들 사이에 전파되었다. 전체 경선 결과에 반영되는 비중(40퍼센트)이 가장 높았던 선거인단 투표에서 46.31퍼센트로 박 변호사가 얻은 지지율은 박 의원(51.08퍼센트)과의 격차가 별로 크지 않았다.

여론조사(경선 결과에 30퍼센트 반영)가 실시된 10월 1일과 2일에도 박 변호사 관련 글이 박 의원보다 줄곧 많았다. 10월 1일에는 1만 2,289건(박 변호사) 대 7,194건(박 의원)이었으며, 2일에도 1만 44건 대 5,904건으로 격차가 좁혀지지 않았다.

이런 기류는 TV토론 후 배심원단 평가(30퍼센트 반영)가 실시된 9월 30일에도 비슷했다. 박 변호사 관련 글(1만 334건)이 박 의원(6,552건)의 1.6배 정도였다. 소셜메트릭스 관계자는 "박 변호사 지지층이 트위터를 매개체로 강력히 뭉쳤음을 확인할 수 있었다."라고 설명했다.

기호 10번 박원순, '10으로 댓글 놀이하기'

박원순 후보 10번 당첨!

SNS의 열기는 계속되었다. 박원순 서울시장 야권 단일후보의 기호가 '10번'으로 정해졌다는 소식이 전해지면서, 인터넷이 후끈 달아올랐다. 여러 가지 표어들이 등장했다. 반짝이는 아이디어가 섞인 신나는 댓글 놀이가 시작되었다.

10점 만점에 10점 / 10월엔 10번, 10번 찍어 안 넘어오는 서울 없다 / 10년이면 강산이 변하고 10번이면 서울이 변한다 / 잃어버린 10년, 새로운 10년, 희열! / 희망의 10번, 최고의 스트라이커 10번 / 1번 뛸 때 10번 뜁니다 / 마라도나도 10번, 메시도 10번, 박원순도 10번…….

선거를 축제로 만들겠다는 박원순 후보의 발언은 점점 현실이 되어 갔다. 모든 과정에 시민들의 열화와 같은 참여가 이어지면서 즐거운 축제의 장이 되어가는 분위기였다.

깨어 있는 시민과 집단 지성의 힘이 무섭게 발휘되고 있는 현장이었다. 언론의 집중 조명을 받은 것은 물론이다.

박원순과
시민혁명

10.26 재보선, SNS전략이 승부 가른다

"서울시장 보선 D-16, 톡톡 튀는 홍보전 '스핀닥터' 눈에 띄네"

#1. 10월 9일, 서울 강북의 대표적 쪽방촌인 종로구 돈의동 일대. 한나라당 나경원 서울시장 후보는 이곳 쪽방촌을 방문하여 홀몸노인들을 만나 얘기를 나눈 뒤, '2014년까지 공공임대주택 5만 채 건설' 등의 공약을 담은 주거 및 전월세 대책을 발표했다.

#2. 비슷한 시간, 서울 중구 정동 이화여고 100주년기념관. 무소속 박원순 후보는 면바지와 재킷 차림으로 무대에 섰다. '핀 라이트 조명(배경을 어둡게 하고 한 곳에 조명을 집중하는 것)'을 받은 박 후보는 신제품 설명회를 연상케 하는 공약 프레젠테이션을 진행했다. 박 후보 측은 "고㏅ 스티브 잡스 전 애플 최고경영자의 프레젠테이션을 참고했다."라고 말했다.

10.26 서울시장 선거에서는 그 어느 때보다 다양한 홍보 전략과 아이디어를 선보이면서 각 후보 캠프의 '스핀닥터' 면면에도 관심이 쏠렸다. 스핀닥터는 야구의 '변화구(스핀)'처럼 국면을 반전시키는 '선거 홍보 전문가'를 뜻한다.

한나라당은 당내 최고 홍보 전문가인 강승규, 진성호 의원을 나 후보의 '스핀닥터'로 내세웠다. 두 사람 모두 당내에서 흔치 않은 소셜 네트워크 서비스 전문가여서 SNS 바람이 최대 무기인 박 후보 캠프에 맞설 적임자라고 판단하였다고 했다. 두 의원은 2007년 대선 당시 한

나라당 이명박 후보의 뉴미디어 선거를 책임졌다. 이날 쪽방촌 방문을 진행한 것처럼 '현장 방문 → 정책 발표 → SNS를 통한 홍보 → 정부, 여당 차원의 지원'이라는 프로그램을 가동시킨다는 복안이었다.

'오늘은 10.10 데이'!

박 후보 캠프에서는 기성 정치권의 홍보 공식을 깨는 아이디어가 돋보였다. 가령 후보등록 후 받은 '기호 10번'에 대해 "10번, 박원순입니다."라는 일방통행식 홍보를 하는 게 아니라 '10'이라는 숫자를 이용해 트위터 사용자들에게 말짓기놀이를 유도하는 등 '선거운동 = 놀이'라는 콘셉트를 각인시키는 방식이었다. 실제로 박 후보는 트위터에서 "열(10) 손가락 깨물어서 안 아픈 손가락 없듯이 강남, 강북 다 사랑한다."라는 글을 올렸다.

이 같은 홍보 전략은 아름다운재단 사무처장 등을 지낸 유창주 씨가 송호창 대변인과 함께 주도했다. 유 씨는 이때까지 1,500만 명이 다녀간 블로그와 7만여 명의 트위터 팔로어(추종자)를 지닌 시민사회 진영의 대표적인 뉴미디어 전문가로 알려져 있다. (《동아일보》 2011년 10월 10일자)

"10.26 재보선, SNS전략이 승부 가른다"

10.26 서울시장 보궐선거를 앞두고 여야 진영에서 SNS를 활용한 지지세 확산 여부가 주요 선거 전략으로 부상하면서 뜨거운 경쟁이 예상되었다. 10월 10일 정치권의 발표에 따르면, 여야 모두 스마트폰 대중화 추세에 맞춰 트위터나 카카오톡 등 SNS를 활용한 선거운동 방식이 일대일 대면 접촉 등 기존의 오프라인 방식보다 효과가 더욱 크다고 보고 세부전략 짜기에 고심 중인 것으로 나타났다. …… '공중전'의 한 분야인 SNS 소통 강화를 통한 선거전에는 여당보다 야권이 풍부한 노하우를 자랑하고 있으며, 실제 범야권이 해당 분야에서 '비교 우위'에 있다는 평가가 많은 실정이다.

이에 한나라당은 정치 관심도가 높고 참여 성향까지 갖춘 20~30대 청년층과 40대를 겨냥한 SNS 소통 전략 짜기에 부심했다. 당 온라인 대변인 출신인 이학만 당 부대변인은 "오프라인 대결에 비해 온라인 대결은 한나라당이 고전을 면하지 못하는 형국"이라며 "SNS는 자발적인 매체이기 때문에 1인 미디어 대변인 역할을 수행할 수 있도록 '3F 전략'을 잘 짜야 한다."라고 강조했다. 이 부대변인에 따르면 '3F 전략'은 말 그대로 '재미있고 흥미로운 소재를 빠르게 알리는 데' 중점을 둬야 한다는 논리였다. 시민사회와 야당의 통합후보인 박원순 후보와 효과적으로 대응하기 위해선, 논리적인 재미를 통해 나경원 후보의 콘텐츠 내용을 집중 홍보하는 방식이 필요하다는 것이다.

그는 나 후보 캠프에서 가장 고민해야 할 SNS 전략과 관련하여 "나

후보는 콘텐츠가 많은 것이 강점"이라고 한 뒤, 세부전략으로 '3T 전략(Talk-Trend-True)'을 통해 정면 승부를 해야 한다고 덧붙였다. 그에 의하면 'True(진실)'는 '진실한 친서민정책을 내세워야 하며 전임 시장이나 상대 후보와 차별화된 정책을 내세워야 한다'라는 것이다. 'Trend(시대 읽기)'는 '서울이 세계 속에서 맡아야 할 역할에 대해 고민해야 한다'라는 것으로, 세계 최고의 도시라는 면모를 갖추는 데 주력해야 한다는 뜻이었다. 'Talk(쌍방향 토론)'는 권위를 버리고 서민과 함께 호흡하는 민생시장으로서의 진정성을 발휘함으로써 서울시민과 소통하는 시장이 되어야 한다는 것을 의미하였다.

이와 관련하여 여당 측은 별도의 SNS팀 가동을 비롯해 구체적인 실천전략 등을 마련하는 중에 있다. 이 부대변인은 "'트윗심心'을 움직여야 중도층과 무당층의 지지를 이끌어낼 수 있고, 더 중요한 것은 격이 없는 쌍방향 소통으로 진정성 있는 감동과 반드시 실현시키겠다는 신뢰감을 부여해주는 것"이라고 밝혔다.《파이낸셜뉴스》 2011년 10월 10일자)

SNS 선거운동 규제와
뉴미디어의 위력

SNS 선거운동이 대세임에도 당국은 선거운동을 규제하는 데만 급급했다. 왜 그랬을까? 송경재 경희대 인류사회재건연구원 교수는 "SNS 활동을 선거법으로 규제하는 나라는 없다. ……첨단 시대에 아날로그 선거법 잣대를 들이대는 꼴"이라고 비판하기도 했다.

대세를 거스르려 하는가

SNS 선거운동 대세인데 규제 급급한 당국

검찰이 10.26 재보선을 앞두고 SNS를 활용한 불법선거를 단속한다는 방침을 밝히면서 SNS 선거운동 논란이 다시 불거졌다.

스마트폰의 보급 확산으로 트위터, 페이스북 등 SNS 이용자가 급격하게 늘어나면서 SNS 선거운동의 힘이 갈수록 커지고 있다. 전문가들은 SNS를 활용한 선거운동이 지지 정당 또는 후보를 바꿀 정도로 큰 힘을 발휘할지는 검증되지 않았지만, 정당·후보에 대한 지지를 강화하거나 투표 참여를 이끌어내는 효과는 크다고 설명한다.

사정당국은 SNS가 흑색·불법선전을 유포하는 통로로 사용되는 것을 막기 위해 단속이 불가피하다는 입장을 밝혔다. 중앙선거관리위원회에 따르면, SNS는 공직선거법상 '인터넷 홈페이지'나 '전자우편'에 해당한다.

트위터에 글을 올리는 것은 홈페이지에 글을 게시하는 행위와 같고, 이를 팔로워에게 전송하는 것은 '컴퓨터 이용자끼리 네트워크를 통해 문자·음성·화상 또는 동영상 등의 정보를 주고받는 통신시스템'인 전자우편을 이용한 사전선거운동으로 규정된다는 유권해석이었다.

선관위 등은 이를 근거로 SNS를 통한 사전선거운동 행위나 선거 당일 특정 후보를 지지하는 행위 등을 단속하기로 했다. 실제 '○○후보가 1등을 달리고 있다'라는 내용의 글을 트위터를 통해 팔로워에게 26차례 전달한 트위터러가 불법선거운동으로 유죄(벌금 120만 원) 선고를 받기도 했다.

하지만 이러한 방침에 대해 시민단체와 네티즌은 SNS의 대표적 특징인 '참여와 표현의 자유'를 침해할 수 있다고 반발했다.

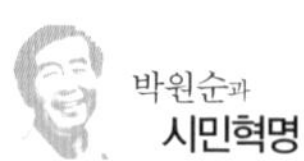

오프라인에서 "누구는 떨어져야 돼."라고 말하는 것은 문제가 안 되는데, 이를 SNS에 옮기면 선거사범으로 몰리는 일이 발생할 수 있다는 것이다. 어디까지를 '단순한' 의견 제시로 볼 것인지, '조직적', '계획적' 범위가 어느 수준인지 기준이 모호하다는 지적도 나왔다.

일각에서는 시대의 흐름에 맞지 않는 선거법을 개정하는 데 소극적인 정치권의 책임론을 제기했다. 선관위 측이 국민의 정치적 의사표현 확대 등을 위해 2003년, 2005년, 2006년, 2008년과 올해 선거법 개정의견을 국회에 냈지만, 여야의 이해관계가 엇갈리면서 실질적으로 반영되지 않고 있다는 지적이다. (《세계일보》 2011년 10월 11일자)

박원순의 '희망ON' 캠페인과 '박원순 후원회' 탄생

"희망이 켜지면 변화가 시작됩니다! 서울시민 여러분이 바라는 희망정책으로 서울을 밝혀주세요! 박원순 후보가 여러분의 바람을 모아 새로운 희망서울을 만들겠습니다!"

10월 13일 원순닷컴에서는 박원순 '희망ON' 캠페인이 시작되었다. 10월 13일부터 서울시장 보궐선거 전날인 10월 25일까지 거주하고 있는 지역구를 선택한 다음에 자신이 바라는 '희망 서울'의 모습이나 '희망 서울'을 위한 자신의 실천 다짐을 적어 넣는 것이다.

바람이나 실천 다짐 댓글을 더 많이 적을수록 서울지도에 노란 불이 더 많이 들어오면서 점점 더 밝게 빛나는 형상이 되었다. 비회원으로 접속하여 댓글을 쓸 수도 있고 페이스북이나 트위터에 로그인한 후 참여할 수도 있으며, 악성 댓글이나 근거 없는 비방용 댓글은 자체 심의 후에 강제 삭제되도록 했다.

또한 10월 8일에는 서울시장 야권 단일후보 '박원순 후원회' 홈페이지가 문을 열었다. '10월 26일, 이기는 변화를 위한 유일한 선택!'이라는 제목으로 박원순을 지지하는 또 다른 방법인 박원순 후원에 동참해줄 것을 호소했다.

박원순 펀드로 모은 선거자금은 시민이 빌려준 차입금이므로, 선거종료 후 60일 이내에 박원순 후보가 이자까지 더해서 돌려줘야 하는 개인 부채였다. 박원순 후원회는 선거자금법이 허락하는 순수한 의미의 기부금인 이러한 후원금

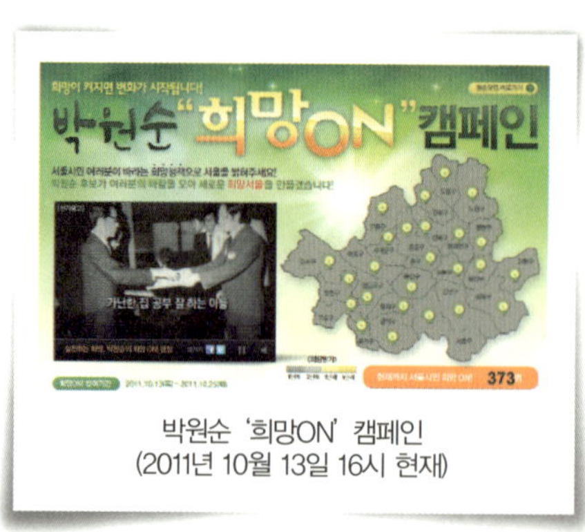

박원순 '희망ON' 캠페인
(2011년 10월 13일 16시 현재)

을 모아 후보자 개인이 짊어져야 할 짐을 나누자며 참여를 부탁했
다. 박원순 후원회는 3일 만에 후원자 1,000명을 넘기고, 후원금도
4억여 원이 접수되면서 '연타석 만루 홈런'을 기록했다. 특히 이번
후원금은 이자까지 포함해 상환해야 하는 펀드와 달리 순수한 기부
성격을 지닌다는 점에서 '서울의 변화와 혁신'에 대한 서울시민의
바람이 거부할 수 없는 대세가 되었음을 다시 한 번 확인시켜 준 셈
이다. 서울시장 당선일까지 박원순 후원회 후원금은 10억여 원이
라는 거금이 모였다.

'박원순TV' 생중계

실시간 인터넷 방송 서비스인 '아프리카'에 10월 13일부터 '박원
순TV'가 개설되었다. 박원순TV는 박 후보 대표 홈페이지인 원순
닷컴과도 연동되었다. 박원순의 하루, 생생한 현장의 목소리를 영
상으로 손쉽게 볼 수 있도록 한 것이었다.

박원순TV에서 먼저 인기코너가 된 것은 〈내가 박원순을 지지하
는 이유〉 편이었다. 한명숙 전 총리와 가수 이은미 씨가 〈내가 박원
순을 지지하는 이유〉 1편에 등장했다. 인터뷰 동영상을 통해 박원
순을 지지하는 이유를 친근하게 담아내면서 유권자들에게 짧고도
여운 있는 감동을 주었다. 이른바 '내가 아는 박원순' 시리즈는 사

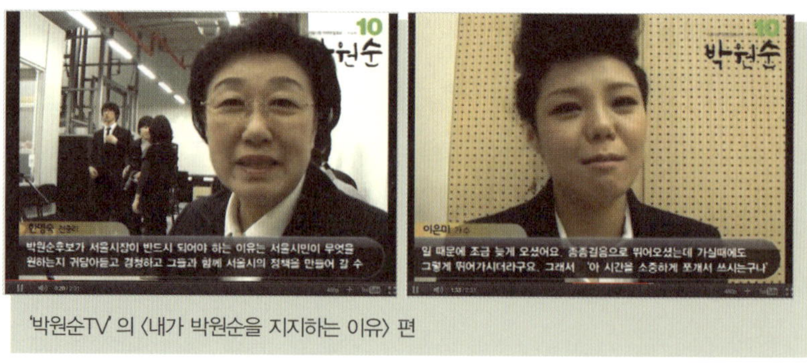

'박원순TV'의 〈내가 박원순을 지지하는 이유〉 편

실 전부터 시민들이 자발적으로 트윗이나 블로그 글을 통해 계속퍼뜨려온 일종의 놀이였다. 그 가운데 '내가 아는 박원순은……'이라는 제목으로 어느 시민이 개인 블로그(http://blog.naver.com/adkim1947/139645518)에 올린 글 하나를 소개해본다. 거의 그대로 실어서 다소 길지만, 진한 감동을 느낄 수 있을 것이다.

안녕하세요. 저는 10년째 택시운전을 하고 있는 김형권(65)이라고 합니다. 제가 사업에 실패해서 가진 돈 다 까먹고 빚만 잔뜩 지고 앉아 있다 보니, 다시 뭘 벌일 처지도 못 되고 몸으로 할 줄 아는 거라곤 운전뿐이라 결국 50대 중반에 '인생막장'이라는 택시기사로 나서게 되었답니다.

저는 '나눔'이란 돈 많은 사람들이 실컷 쓰고 남는 돈으로 하는 것인 줄만 알았습니다. 제가 원순 씨를 처음 만난 건

박원순과
시민혁명

2004년 12월 어느 날이었습니다. 신문에서 어느 할머니가 전 재산을 대학에 기부했다는 기사를 보고, 아직도 빚이 남아서 이잣돈 물고 있는 처지에 남들같이 몇억은 고사하고 몇백, 몇천씩 기부할 돈도 없으니 봉사라도 해볼까 해서 원순 씨가 운영하는 '아름다운재단'을 찾아갔다가 '1퍼센트 나눔'이라는 걸 알게 되었습니다.

우리네 택시기사들, 일 나가면 하루에 10만 원 내지 15만 원씩 찍는데, 1퍼센트면 천 원 내지 천오백 원입니다. 내가 그 정도도 못 나누겠는가? 그 길로 청계천에 나가서 아크릴판으로 모금통을 만들어 달고, 그 다음날부터 천 원, 천오백 원씩, 수입의 1퍼센트를 모아나가기 시작했습니다. 손님이 커피라도 뽑아 잡수시라고 남겨주시는 잔돈도 모으고, 나중에는 내가 쓴 책도 팔아서 보태고……. 요즘은 차내에서 음료수를 팔아서 불우이웃돕기 성금으로 보내고 있습니다.

어느 날 저녁, 원순 씨와 저녁식사를 할 기회가 있었습니다. 원순 씨는 '막사이사이상'을 받으러 필리핀에 갔다가 오는 길이라더군요. 가는 비행기 안에서는 제보다 젯밥이라고 '부상으로 주는 상금이 5만 달러라는데 그 돈을 받으면 어디에다 쓸까' 하는 행복한 고민을 했답니다. 그런데 막상 비행기에서 내려 공항을 나서는 순간 필리핀의 열악한 환경을 보니 상금을 그냥 받아서는 안 되겠다는 생각이 들었고, 그리하여 수상식장에서 상금으로 받은 5만 달러를 "이 돈은 필리핀의 어려운 사람들을 위해 써주십시오."하며 주최 측에 건네주고 내려왔답니다. 물론 애당초 그가 그 돈을 개인적으로 쓰려 하지도 않았겠지만,

시민과 함께한 선거문화의 혁명 – SNS 선거전

일고의 망설임도 없이 즉석에서 기부하고 내려온 원순 씨의 행동은 평소 그의 순수하고 아름다운 면모를 보여주는 것이라 하겠습니다.

어느 날 길에서 우연히 원순 씨를 만났는데, 그가 새로운 일을 시작했다면서 내미는 명함에 '희망제작소'라고 씌어 있었습니다. 희망제작소? 이분이 어렵다더니, 결국 무슨 공장을 차렸나 보구나! 게다가 직함이 '소셜 디자이너'라니 이건 또 뭔가? 내가 택시운전을 하기 전에는 미대에서 디자인을 전공했고 한때는 광고회사 제작국장을 하면서 아트디렉터로 날렸는데, 패션 디자이너, 그래픽 디자이너 소리는 들어봤어도 '소셜 디자이너'라는 소리는 처음 들어봤습니다. 다음 날 희망제작소가 뭐하는 곳인가 궁금해서 찾아갔다가, 그곳이 우리가 사는 이 사회를 시민의 힘으로 아름답게 디자인해보자는 취지에서 만들어졌다는 설명을 듣고 그 자리에서 후원회원으로 등록했습니다. 소셜 디자이너가 하는 일이 무엇인가를 정확히 알기 위해서 SDS^{Social Design School}를 수료하고, 그 경험을 살려 소기업발전소의 자문위원으로도 활동하게 되었습니다.

희망제작소가 사회혁신센터를 통해서 처음으로 한 일은 임신 3개월의 한 직장여성이 올린 글에서 시작되었습니다. "제가 하루 일을 마치고 퇴근할 때면 너무 힘들어서 지하철 안에서 좀 앉고 싶어요. 선배님들의 말을 들어보면 임신 3개월일 때가 가장 위험하다는데, 노약자ㆍ장애인석에 앉았다가는 무슨 수모를 당할지 모르겠고……. 정부에서는 출산 장려를 말로만 떠들 게 아니라 우리 같은 임신부를 보호해주

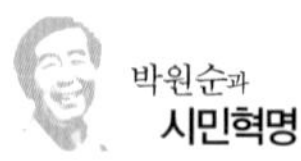

셔야 할 게 아닙니까?" 하는
내용이었습니다. 이 제안을
받아들여서 여성부와 협의하
여 지하철의 노약자·장애인
석에 임신부석을 추가하게
된 거랍니다.

　저의 제안으로 바꾼 것도
몇 가지 있습니다. 제 직업이
택시기사인지라 온종일 시내
를 돌아다니는데, 하루는 상
도터널을 지나가다 보니 그
옆의 인도로 사람들이 지나가고 있는 모습이 보였습니다. '터널 안은
소음과 매연이 심해서 차들도 창문을 꼭꼭 올리고 지나가는데 보행자
들은 아무 대책도 없이 다니는구나.' 하는 생각이 들었습니다. 그래서
제가 희망제작소에 제안해서 서울에 있는 터널 안 인도에 보행자를 위
한 차단막을 설치하게 된 것입니다.

　또 이번에 바뀐 새 지폐를 보는데 어딘가 좀 이상했습니다. 여러분,
천 원짜리 지폐를 꺼내 살펴보십시오. 지폐 오른쪽에 퇴계 이황 선생
의 초상이 있고, 그 옆의 '1000'이라는 숫자 밑에 검은 점이 하나 보이
시지요? 그게 무슨 점인지 아십니까? 천 원에는 한 개, 오천 원에는 두
개, 만 원짜리에는 세 개가 있는데, 그건 바로 시각장애인을 위한 식별

용 점자랍니다. 이 점이 구권(오른쪽)보다 절반 정도로 작아져 있었습니다. 돈의 크기가 작아져서 그런다지만, 그래도 이건 너무 작았습니다. 구권에는 지폐 왼쪽에 인쇄가 안 된 하얀 면에 두 배나 큰 크기로 찍혀 있어서 식별하기가 쉬웠습니다.

그래서 희망제작소의 사회혁신센터에 제보했더니, 국가인권위원회에서 시각장애인들을 모셔놓고 그분들의 고충을 듣는 공청회를 열게 되었습니다. 한 여성 장애인은 자기네들은 화장품을 쓸 때 병을 흔들어서 물소리가 나면 스킨인 줄 알고 쓰고, 소리가 들리지 않으면 로션인 줄 알고 쓴답니다. 며칠 후, 밖에 나갔더니 만나는 사람들마다 어째서 얼굴이 그렇게 못쓰게 되었느냐고 하더랍니다. 알고 보니 그동안 샴푸를 로션인 줄 알고 써온 거지요. 이런 제품의 병에 점자를 표시해주면 얼마나 좋을까요? 그것이 약병이었으면 어떻게 할 뻔했습니까? 또 한 분은 횡단보도에 설치된 석재 블라드가 자기네들 무릎이나 정강이를 깨는 흉기라 했습니다. 이 지적을 반영해서 석재 블라드를 봉으로 모두 교체를 하게 됐습니다. 또 어떤 분은 은행에 가서 현금 자동 입출금기를 쓰려는데 모두 터치패드로 바뀌어 있어서 쓸 수가 없었다는 이야기도 전해주셨습니다. 그분들이 겪는 애로사항이 어찌 한두 가지겠습니까? 이제는 그런 약자들의 편익을 생각해봐야 할 때입니다.

이와 같이 희망제작소가 하는 일은 거창한 게 아닙니다. 우리네 생활 주변에 산재해 있는 불편이나 애로사항, 그러나 이 사회에 꼭 필요한 것, 바꾸고 싶은 좋은 것들을 시민들의 아이디어에 의해 변화시켜

나가면서 우리가 사는 이 사회를 아름답고 희망차게 만들어보자는 취지입니다.

저는 시민운동이라고 하면 별로 좋게 생각하지 않았습니다. 택시 운전을 하는 요즘도 촛불집회로 길이 막히면 '꼭 저렇게 길을 막고 해야만 하나?' 하고 짜증내기도 합니다.

사람들은 박원순을 빨갱이라고 하는데, 내가 아는 한 박원순은 절대 빨갱이가 아닙니다. 아니, 그가 빨갱이라면 저 또한 기꺼이 빨갱이가 되겠습니다. 희망제작소는 반대를 위한 투쟁을 하는 붉은색 시민운동이 아니라, 함께 고민하고 대안을 제시하는 긍정적인 청색 시민운동입니다. 그러나 MB정부에 들어와서는 NGO 시민단체들을 촛불시위나 주도하는 불법단체로 싸잡아서 탄압하고 있습니다.

그는 애초부터 정치 일선에 나서기를 싫어했습니다. 노무현의 참여정부에서 그에게 검찰총장직을 제의했지만 극구 고사했으며, 지난 대선 때는 재야 시민단체로부터 대통령 후보로 나서줄 것을 종용받기도 했습니다. MB 역시도 서울시장 재임기간 4년 동안 받은 급료를 아름다운재단에 기부했으며, 그의 인간 됨됨이를 알았는지 현 정부 출범 때 요직을 제의했다는 이야기도 있습니다. 그가 정치에 욕심이 있었다면 벌써 나섰을 것입니다.

그는 뒷전에서 후진이나 양성하며 시민운동에 전념하려 했습니다. 희망제작소에서는 지자체 단체장을 꿈꾸는 분들을 위한 '좋은 시장 학교'라는 교육 프로그램을 통해 훌륭한 지자체 단체장을 배출시켜서 사

회를 변화시키려 했습니다. 지난 지방자치단체장 선거에서 한나라당 후보와 보안사 출신 인사의 지원 유세를 했다 해서 문제가 됐는데, 사실은 그들이야말로 가장 먼저 바뀌어야 할 대상이라고 생각합니다. 현 정부가 그를 이 더러운 정치판으로 내몰았습니다. 그동안은 한 마리 학같이 고고하던 그가 까마귀 소굴에 들어가면 오염되지나 않을까 염려했는데, 이제는 그가 들어가서 혼탁해질 대로 혼탁해진 정치판에 새 바람을 불어넣어 깨끗하게 정화해주길 바랄 뿐입니다. ……어느 날 길가에서 뭔가를 찾고 있는 원순 씨를 발견하고 "지금 뭐 하고 계십니까?" 하고 물었더니, "이것 좀 보세요. 보도블럭이 깨져서 엉망이잖아요. 그런데도 전혀 관리가 되어 있질 않네요." 하며 디카로 열심히 그것을 찍고 있었습니다. 요즘 인터넷에 떠도는 원순 씨의 헤진 구두에는 다 이유가 있었습니다. 한강 르네상스나 아라뱃길 같은 거창한 토목공사보다 구석구석을 섬세하게 챙기는 원순 씨는, 나 같은 택시기사나 구두미화원, 시장통의 상인들처럼 없는 사람들의 소리까지도 귀담아 듣는 자상한 분입니다. 그러니 이번에 꼭 서울시장이 되어야 한다고 굳게 믿고 있습니다.

　두서없는 글을 끝까지 읽어주셔서 고맙습니다. 하시고자 하는 일 모두 바라시는 대로 이뤄지시길 기원합니다.

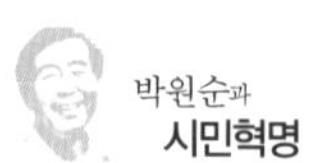

경청 카페의 '마실', 실시간 신개념 유세

'마실'은 희망캠프에서 선보인 신개념 유세 방식이다.

원순 씨는 귀가 큽니다. 원순 씨는 사람들의 이야기를 메모하며 잘 듣습니다. 원순 씨가 이제 서울 구석구석 '마실'을 갑니다. '마실' 간 이야기, 들어보실래요?

10월 14일, 0.5톤짜리 화물트럭을 개조해 만든 선거 유세 차량, '경청 카페'에 오른 박원순 후보가 대학로 마로니에 공원으로 첫 '마실'을 나갔다. 여기서 '마실'이란 '마'음을 나누는 '실'시간 경청 유세, 곧 시민의 의견으로 정책을 만드는 신개념 유세를 뜻했다.

'마실'의 하이라이트는 바로 '시민과의 실시간 대화'다. '마실 스마트 경청 유세단'이 유세 차량 인근에 모인 시민들에게 '박원순에게 바란다'라는 제목으로 질문을 하면, 답변이 스마트폰이나 태블릿PC를 통해 구글 앱스 클라우드에 등록되었다.

캠프 안에서 대기 중인 분석팀은 이를 취합하여 인터넷 프로그램 스카이프를 이용해 유세차의 전광판에 내보내고, 이 전광판을 보고 박원순 후보와 공동선거대책위원장인 이계안 2.1연구소 이사장이 실시간으로 시민들에게 답하는 식이었다.

'경청 카페' 차의 박원순 후보와 이계안 이사장의 손에는 태블릿

박원순 후보의 '스마트 경청 유세단'이
대학로 마로니에 공원에서 시민들의 의견을 듣고 있다.

PC가 들려 있다. 약간 멀찍이 서 있는 사람들 사이로 노란색 앞치마를 두른 '스마트 경청 유세단' 10명이 바삐 돌아다니며 의견을 들었다. 이것이 박 후보가 새로 선보인 경청 유세 '마실'이다.

시민 : 요즘 젊은 사람들은 시집도 장가도 못 갑니다. 집 구하는 문제, 어떻게 해결하죠?

박원순 후보 : SH공사는 서울시민들의 주택 문제를 해결하기 위해 장기형 전세 임대주택을 공급하는 곳인데, 이미 부채가 너무 많습니다. 중대형 아파트가 포함되어 있는데, 이건 소형으로 바꾸는 게 좋겠죠? 이미 우리나라에 2인 이하 세대가 46퍼센트나 됩니다. 소형 주택으로 바꾸면 더 많이 공급할 수 있고, 정부로부터 지원도 받을 수 있습니다.

음악도 대형 스피커도 없었지만, 조곤조곤 이어지는 대화에 지나가던 시민들도 귀를 쫑긋 세웠다. 유세차 옆에 서 있는 이들과 털썩 자리에 주저앉은 이들은 박원순 후보와 이 이사장의 대화에 계속 귀를 기울였다. 일부 적극적인 시민들은 박 후보의 이야기에 추임새를 넣으며 흥을 돋우기도 했다.

아직은 조금 멋쩍은지 유세차 곁이 아닌 주변에서 서성거리며 이야기를 가만히 듣고 계신 분들도 있었다. 하지만 기존의 선거 유세현장에서 흔히 볼 수 있던, 귀를 막고 자리를 급하게 떠나는 이들은 없었다.

이 이사장이 질문을 하면 박 호보가 답변을 했다. 박 후보는 주로 자신의 정책을 설명하였다. 일자리나 보육에 관한 문제, 그리고 서울시의 부채를 해결할 자신의 정책을 설명하면서 "이 이사장님은 왜 그렇게 어려운 질문만 하시나, 이러다 제 머리카락이 더 빠지겠다."라고 농을 던지기도 했다.

나경원 한나라당 후보와의 TV토론에서 충분히 하지 못한 이야기들도 풀어냈다. 나 후보와 다툰 쟁점 중에서 양화대교 문제가 대표적이었다. 박 후보는 "지금 양화대교에 아치공사를 하는 건 5천 톤급 배를 지나가게 만들려는 건데, 한강운하만 포기한다면 굳이 할 이유가 없는 것"이라며, "100억 원이 더 드는 공사를 배도 안 지나갈 긴데 꼭 해야 하나?"라고 반문했다.

또 "100억 원이면 서울시립대의 반값 등록금을 실현할 수 있다."
라며 "양화대교 아치 하나가 조금 보기 싫다고 고치는 게 중요한
가, 아니면 학생들의 등록금을 낮추는 게 중요한가"라고 우선순위
를 강조했다.

박 후보는 이날 첫 번째 '마실'을 마친 후 "처음 있는 일이고 야외
에서 진행하다 보니 아직 부족한 부분이 많지만 점점 더 나아질 것
이라 생각한다."라며 "시민들이 주신 의견을 모아 전문가들과 함께
정책에 반영토록 할 것"이라고 밝혔다.

이후 '마실'에는 이사장 외에도 박 후보의 '멘토단'에 참여하는
조국 서울대 교수, 장하준 케임브리지 대학 교수, 유홍준 전 문화재

청장, 작가 공지영, 방송인 신경민, 만화가 박제동, 배우 김여진 씨 등이 나와 대담을 이어갔다.

선거날까지 매일 현장으로 찾아간 경청 유세 '마실'의 장소는 원순닷컴에도 미리 공지되었다. 각종 언론매체에서도 박원순 후보의 새로운 실험이 시작됐다며, 온·오프라인을 결합시킨 경청 유세 '마실'을 통해 한국형 타운홀 미팅 유세가 실현될지 주목된다고 보도했다.

선거 입후보자가 지역 주민들을 초대하여 정책 또는 주요 이슈에 대하여 설명하고 의견을 듣는 비공식적 공개회의인 이른바 '미국식 타운홀 미팅'이 한국의 선거 문화에 접목되는 순간이었다.

박원순 후보와 나경원 후보의 선거 유세 차이

10.26 서울시장 보궐선거에 나선 한나라당 나경원 후보와 무소속 박원순 후보의 본격적인 선거 레이스가 10월 13일부터 시작되었다. 두 후보는 이날 자정부터 선거전에 돌입, 숨 쉴 틈 없이 바쁜 일정을 소화했다.

그러나 이들의 선거 유세에는 확연한 차이가 있었다. 10월 18일 《데일리안》에 보도된 〈나경원, '짧지만 여러 곳', 박원순, '한 곳에서 오래'〉라는 기사를 통해, 박원순 후보와 나경원 후보의 선거 유세에서 엿볼 수 있는 차이점을 분석해본다.

나, '푸른 빛깔 소형차' VS 박, '소형트럭 정책 카페' (외형)

두 후보 모두 선거운동에 돌입하기 전부터 '조용한 유세'라는 콘셉트를 잡았다. 시민들이 '변화'를 요구하고 있는 만큼, 후보의 사진으로 도배가 된 차 위에 해당 후보가 올라가 마이크를 잡는 구태의연한 선거 유세는 하지 않겠다는 의도였던 것이다. 그러나 이 같은 정신을 서로 공유했음에도 그 외형은 달랐다.

나 후보 측은 시각적인 부분을 노려서 달라진 모습을 시민들에게 인식시킨다는 전략을 썼다. 나 후보는 10월 6일 프레스센터 9층에서 선거대책위원회 출범식을 가진 뒤, 1층에서 옅은 푸른 빛깔이 감도는 마티즈 차량 한 대를 선보였다. 나 후보의 구호인 '서울, 행복한 생활특별시', '서울시장 나경원이라면 안심입니다'라는 스티커가 붙은 이 소형 차량의 색은 한나라당을 상징하는 파란색과 겹치는 푸른 빛깔로 일부러 맞춘 것이라고 전해졌다. 이 같은 차량이 총 48대가 준비됐다. 나 후보 측은 기존 트럭에서 소형차로 부피를 축소하고 외형을 줄여 시각적인 변화를 꾀하고, 소형이라는 점을 활용하여 골목 곳곳을 누빌 수 있는 기동성을 높였다.

박 후보 측 또한 시각적인 효과를 기대한 것은 마찬가지였으나 그 방법이 달랐다. 박 후보는 소형 트럭인 타우너를 내세웠다. 나 후보 측과 같이 부피가 축소되었으나, 이를 카페로 개조하는 색다른 변화를

모색했다. '정책 카페'라는 이름의 이 트럭은 안철수 원장의 '청춘콘서트'에서 아이디어를 빌려온 것으로 전해졌다.

특히 박 후보 측은 일방적으로 시민들에게 정책 등을 전달하고 지지를 당부하던 기존의 방식을 바꿨다는 점에서 눈길을 끌었다. 박 후보의 유세트럭에는 누구나 올라가서 마이크를 잡고 발언할 수 있었다. 현장의 목소리를 먼저 듣고 관련된 해법을 모색하는 형식으로, 박 후보가 내세운 '경청 정책 투어'의 한 축으로도 볼 수 있다. 이에 반해 나 후보는 자신의 공약에 맞는 현장을 찾아가 정책을 내놓고 공감을 얻는 '1현장 1정책' 방식을 활용했다.

나, '짧지만 다양하게' VS 박, '적지만 깊이' (유세 일정)

유세 일정에서도 두 후보의 각기 다른 성향이 드러났다. 나 후보는 일정을 30분 단위로 촘촘하게 짜서, 한 장소에 오래 있지 않고 다양하고 많은 이들을 만날 수 있도록 했다. 반대로 박 후보는 상대적으로 일정을 느슨하게 잡아 여유롭게 유권자들을 만난다는 느낌을 주었다.

정식 선거운동이 개시된 10월 13일의 일정만 비교해도 이 같은 차이가 드러났다. 두 후보 모두 12일에서 공식 선거운동 개시일인 13일로 넘어가는 자정부터 유세를 시작했다는 점은 같지만, 그 후의 일정은 확연히 달랐다.

우선 나 후보의 일정은 ▲동대문 apm 상가 방문(00:00~00:30), ▲서울메트로 군자차량사업소 방문(05:20~05:50), ▲어린이대공원에 가서 아침운동 하는 시민들과 인사(06:00~06:20), ▲어린이대공원 부근(먹자골목) 청소(06:35~07:00), ▲서울관악고용지원센터 벤처기업협회 방문(10:30~13:00), ▲구로구 일대 골목 유세(13:00~14:00), ▲MBC 100분 토론(22:00~23:50)으로, 중간에 끼니를 때우거나 이날 토론회를 위해 준비하는 시간을 제외하고는 상당히 빡빡한 일정이었다.

이에 비해 박 후보의 일정은 ▲가락시장 방문(00:00~00:30), ▲남대문시장 출근인사(07:30~08:10), ▲광화문 세종대왕 동상 앞 선거출정식(09:00~10:00), ▲세종대왕 동상 앞 '시민이 시장이다' 시민 유세(19:00~19:10), ▲MBC 100분 토론(23:00~24:05)으로, 한 장소에서 오랫동안 머무르며 유권자를 만나는 모습을 보였다.

나, '보수층 결집' VS 박, '20~30대층 공략' (전략)

선거운동 일정은 두 후보가 주력하여 공략하는 층도 다르다는 것을 보여주었다. 먼저 나 후보는 지난 8.24 서울시 무상급식 주민투표 때 결집된 25.7퍼센트의 보수층을 기반으로 이를 확장하는 데 더욱 박차를 가하는 모습을 보였다. 나 후보가 소화한 일정들이 이를 잘 말해준다.

나 후보는 캠프 개소식이 있은 10월 6일에 국립서울현충원을 참배했고, 이어서 한나라당 서울시 의원을 만난 뒤 한국기독교총연합회 회장 및 임원단 대표 모임에 참석했다. 이후 한국교총을 방문하여 지도부와도 만났다. 10월 9일에는 박세일 한반도선진화재단 이사장과 남산공원을 산책하며 대담을 가졌고, 10월 12일에는 바른사회시민회의

고 김대중 대통령의 부인 이희호 여사도 적극적인 지지를 아끼지 않았다.

가 주최하는 '세대공감, 대학생들과의 대담'에 참석했다.

나 후보의 이날 일정은 대부분 '보수'를 대표하는 단체나 개인을 중심으로 이루어졌다는 점이 특징이다. 아직 선거 초반이었기에, 보수층을 결집하는 데 더욱 힘을 기울인 결과였다고도 볼 수 있다. 나 후보는 이와 함께 복지정책을 전면에 내세우고 재래시장 등을 돌면서 부동층을 잡는 데 심혈을 기울였다.

박 후보는 범야권을 결집하고 20~30대층의 힘을 모으는 데 주력하는 모습을 보였다. 그는 공식적으로는 무소속이지만, 민주당·진보신당·국민참여당 등 야4당의 지지를 받는 야권 통합후보다. 캠프 또한 '범야권 결집'이라는 모토 아래 구성되면서 나 후보의 '보수층 결집'에 못지않은 힘을 내고 있었다.

또한 20~30대층의 각별한 사랑을 받고 있는 안철수 원장의 무언의 지지와 작가 이외수와 공지영, 영화감독 이창동과 배우 문소리, 서울대 조국 교수 등 젊은 층에 어필하는 멘토단의 지지를 바탕으로 이에 눈높이를 맞춘 행사를 진행하여 주목받기도 하였다.

박 후보는 10월 9일 정책발표회 당시, 지병으로 사망한 애플의 전 CEO 스티브 잡스의 프레젠테이션 방식을 차용하였고, 10월 12일에는 《정의란 무엇인가》라는 책의 저자인 하버드 대학교 마이클 샌델 교수와 만나 대담을 나누어 눈길을 끌기도 하였다. 홈페이지를 블로그처럼 편안하게 드나들 수 있도록 꾸몄으며, 트위터를 중심으로 한 젊은 층과의 SNS 소통력은 그가 가진 가장 큰 자산으로 꼽히는 부분이었다.

나, '한나라당 결집해 공세' VS 박, '연합군으로 반격'(고공전 양상)

'조용한 유세'를 펼치겠다고 했지만, 내년 총선과 대선에 영향을 줄 수 있는 만큼 '승리'를 위한 열망을 식히기는 어려웠다.

이를 위해 나 후보 캠프에서는 우선 한나라당 내에서 친이계와 친박계 등이 서로의 기싸움을 접고 캠프 안에 함께 녹아들었다. 이와 함께 한나라당의 지도부를 비롯하여 당 전체가 나 후보를 전폭적으로 지지하는 구도로 들어갔다. 4년여 만에 박근혜 전 대표까지 선거 지원에 나선 상태였다. 선거운동 첫날인 13일에는 홍준표 대표와 박 전 대표가 모두 모여 지원에 나서면서 유세 장소인 구로시장이 한바탕 북새통을 이루기도 했다.

당 소속 의원들도 한마음이었다. 이들은 박 후보의 병역·재산 등과 관련하여 각종 의혹을 제기했으며, 대정부 질문에서도 이 같은 문제를 제기하면서 박 후보를 검증하는 데 총공세를 퍼부었다.

이에 박 후보는 야4당과 참여연대 등을 비롯한 진보 시민단체의 '연합군'으로 맞섰다. 예전부터 다져놓은 기틀 덕분에 파급력이 큰 SNS를 통한 선거운동에서도 나 후보 측보다 훨씬 우세했다.

박 후보는 나 후보 측이 제기한 병역기피 의혹 등에 대해, 당초 '네거티브 선거'라고 반발하면서 이에 대응하지 않는 방식을 취했다. 하지만 선거 후반에는 박 후보 측도 역시 이에 맞불을 놓는 양상을 보였다. 박 후보는 TV토론회 등에서 나 후보의 재산 증식 등을 둘러싼 의혹을 제기하면서 반격에 나섰다.

여론의 흐름을 갈라놓은 'SNS 민주주의'

서울시장 보궐선거를 치르면서 겪은 일들 가운데, 가장 기억에 남는 것으로 나는 'SNS 민주주의'를 들고 싶다. 10월 18일자《주간경향》946호에서 보도한 〈안철수, 박원순 현상의 공통점은 SNS 민주주의〉라는 기사를 빌려, 이른바 'SNS 민주주의'에 대해 정리해 본다.

"솔직히 잘나가는 정치인은 아닙니다."

청중들로부터 웃음이 터져 나왔다. 사회자의 소개를 받고 무대에 선 이는 심상정 진보신당 전 공동대표. 지난 9월 29일 저녁에 동국대에서 그가 발표한 주제는 '사랑'이었다. 그는 "여러분은 사랑하고 계시나요?"라며 입을 열었다. 그가 말하는 사랑의 대상은 가족, 이성친구, 이웃, 공동체이다. 78학번으로 대학에 입학했는데, 그가 찍은 '인물 좋은 남자'들은 영락없이 다 운동권이었다. 남자친구에게 잘 보이려고 데모에 나갔다. 대학 3학년 때 공활을 갔다가 '노동현실'을 알고 교육자의 꿈을 접었다. "노동운동을 하는 동안 단 한 번도 뒤를 돌아보지 않았습니다." 분위기가 숙연해졌다.

공존, 정의, 변화, 행복, 희망, 사랑. 지난 9월, 각 대학을 순회하며 열었던 '2011 캠퍼스 투어 청춘 토크 파티'의 주제이다. 심 전 의원이 등장하기 전에는 인디밴드 '일단은 준석이들'이 나와 공연을 했다. 노래를 마친 '일단은 준석이들'의 한 멤버가 무대에서 내려오면서 "집이 가까워서 좋네요."라고 말했다. 청중석에서는 다시 웃음이 일었다. '청춘 토크 파티'에 발표자로 참석한 사람들은 크리에이티브 디렉터 박용현, 《오마이뉴스》 대표 오연호, 배우 김여진, 세금혁명당 대표 선대인, 전 KBS 사장 정연주, 그리고 심상정 의원이었다.

이들의 공통점은 무엇일까? 바로 지난 1년간 SNS를 통해 많은 팔로워를 거느리게 된 '파워 트위터리안'들이었다. 공통점은 또 있었다. 그들은 '토크 콘서트', '북 콘서트' 등의 행사로 익숙한 사람들이었다.

2010년 말에서 2011년 초를 기점으로 나타난 현상이었다. 조국 서울대 법학전문대학원 교수는 "지난해 11월 오연호 대표와 《진보집권플랜》을 출간한 후 전국 독자와 만나는 자리를 '북 콘서트' 형식으로 시도한 것이 맨 처음이었던 걸로 안다."라고 말한 바 있다. "사실 시국강연회 식으로 딱딱하게 행사를 진행하면 아무도 안 옵니다. 독자와 대화를 하면서 중간에 노래도 하는 일종의 연성화 프로젝트였는데, 그게 대중들의 감성과 맞아떨어진 것 같습니다."

앞서 소개한 서울시민 고유라 씨(35·여)는 강원대병원 가정의학과 의사이다. 박원순 팬클럽 '박원순과 함께 꿈꾸는 서울'의 운영진인 그는, 월차를 내고 박원순 서울시장 후보의 오프라인 팬미팅 행사에도 참석했다. 전에는 정치에 관심이 없었다. 집안 분위기에 따라 보수후보에게 투표해왔다. '열린의사회' 등에서 자원봉사활동은 해봤지만, 정치인 팬클럽에서 활동하는 것은 처음이었다. 하지만 지금은 일하러 나갈 때를 제외하고는 팬클럽 사무실로 '출근'하게 되었다.

그는 10월 3일 범야권 단일후보 경선 현장에서의 '역전'을 이렇게 기억했다. "페이스북과 다음 카페에 개설된 팬클럽을 통해 홍보했습니다. 그러고 난 다음에는 주로 트위터를 통해 투표를 독려했어요. 팬클럽 회의에서 나온 아이디어가 파워 트위터리안을 섭외해서 젊은 20~30대에게 투표 참가를 부탁하자는 것이었습니다. 조국 교수나 공지영 작가 등 당사자들이 흔쾌히 받아들였습니다."

덧붙여 내놓은 아이디어가 바로 '인증 샷 놀이'였다. 투표장에 방문

해 파워 트위터리안과 기념사진을 찍어 SNS에 올리고, 다시 투표 참가를 호소하는 것이었다. 이렇게 인증 샷을 찍어간 사람들이 어림잡아 600명이었다. "오전에는 민주당 측의 봉고차 부대 사람들이 많았어요. 지금 상황이 8대 2로 밀린다는 글을 트위터에 올려 리트윗을 부탁했고, 그러자 오후부터는 그것을 보고 왔다는 젊은 층이 많았습니다."

이튿날 언론에서는 박원순이 승리한 요인으로 일제히 SNS를 꼽았다. 'SNS 돌풍'이 선거 결과를 분석하는 기사에서 단골 소재가 된 것은 이미 오래되었다. 지난해 6.2 지방선거에서도, 올해 4.27 재·보궐선거에서도 선거 결과를 좌우한 결정적 '변수'로 언론은 SNS를 지목했다. 정당정치 위기 담론이 나왔다. 보수매체들은 결국 후보를 못 낸 민주당을 '불임정당'이라고 불렀다. 박근혜 한나라당 전 대표는 10월 6일에 "나경원 서울시장 후보를 지원하겠다."라고 선언하면서, "지금 상황은 한나라당뿐 아니라 우리나라 정치의 전반적 위기"라고 말했다. 정당정치 대 시민정치의 제로섬 게임이라는 것이 말이었다.

'안철수 현상'에 이은 '박원순 현상'을 어떻게 봐야 할까? 공통된 설명은, 정당정치에 대한 냉소와 불신의 결과라는 것이다. 하지만 신진욱 중앙대 사회학과 교수에 따르면, 이것은 일면에 불과하다. "1987년 이후 예외 없이 지속되던 투표율 하락이 이명박 정부 이후에 반전되는 양상을 보인다. 정치를 바라보는 사람들의 '태도'가 달라진 것이다. 과거처럼 정당에 충성하는 것이 아니라, 정당을 전략적으로 이용하는 것이다."

신 교수에 따르면, 정보사회는 새로운 주체가 형성되는 것을 가능하게 하였다. 과거에는 노동과 거주의 공간, 즉 장소성에 결박된 정치적 정체성에 안주했다면, 정보사회에 접어들면서 물리적 장소성을 완전히 벗어나는 정체성을 형성할 수 있게 되었다.

여기에 SNS와 같은 새로운 소통수단이 더해지면서, '상당히 광범위하고 집중적인' 정치적 커뮤니케이션을 가능하게 만들었다. 기존 정당의 정치적 소통 방식에도 변화가 불가피했다. 전통적인 정치를 특징 짓는 것이 '연설', '구애("이번만 믿고 찍어주세요")', '계몽정치'라면, 이제 수평적 커뮤니케이션이 더 중요해졌다. 물론 정치인들 중에서도 트위터나 페이스북을 열심히 사용하는 사람들이 있지만, 이를 더 잘 활용하는 사람들에게 흔히 '소셜 테이너'라는 이름이 붙는다. 소셜 테이너들은 SNS를 능숙하게 다루거나 SNS상에서 전폭적인 지지를 받는다

9월 30일 뉴욕 주 코티 공원을 점거한 '월가를 점령하라' 시위대를 한 참가자가 아이패드로 찍고 있다.

는 점에서 공통점을 지닌다.

그리고 새로운 대중의 탄생을 들 수 있다. 뉴욕대 언론학대학원 클레이 셔키 교수는 최근 발간한 《많아지면 달라진다Cognitive Surplus》에서, 인터넷과 스마트폰으로 연결된 시민들이 종전에는 TV 시청에 소비하던 여가시간을 좀 더 '의미 있는 일'에 돌리기 시작했다고 주장했다. 브리태니커 사전이 해내지 못한 업적을 참여 백과사전인 위키피디아가 달성한 것이 그 단적인 예다. 그는 이러한 현상을 '1초라는 시간을 가진 새로운 대중의 탄생'으로 불렀다.

스마트폰과 SNS라는 새로운 디지털 수단을 손에 든 대중들이 의미 있는 일들을 해내기 시작했다는 것이다. 셔키 교수는 그 예로 한국의 '촛불시위'를 들었다. "디지털 미디어에 관심을 가진 사람들은 종종 대면접촉의 붕괴를 염려하지만, 세계에서 유선 및 무선이 가장 잘 연결된 서울에서는 정반대의 결과가 나타났다. 디지털 도구는 대인접촉과 실제 세계 활동이 통합 조정되는 데 핵심적인 역할을 했다."(《주간경향》 10월 18일자)

더 나아가보자. 《주간경향》은 2011년 2월, 중동에서 소셜 미디어를 매개로 하여 벌어진 민주화 혁명 도미노 현상을 가리켜 "스마트 데모크라시 시대가 열렸다."라고 진단한 바 있다. 정보가 통제된 권위주의 사회에서 SNS는 정보 유통과 행동에서 강력한 구심점이 되어주었다. SNS가 차단되면 구글이나 페이스북과 같은 글로벌 IT

기업에서 적극적으로 정보를 유통시킬 방법을 고안해 제공했다.

그렇다면 서방세계 또는 한국의 경우는 어떠한가. 최근 미국에서 조직된 '월가를 점령하라' 시위는 SNS를 타고 미국 전역의 도시들로 확대되었다. 전국 각지에서 진행되고 있는 '점령' 행동은 페이스북과 트위터 그리고 유튜브 같은 커뮤니케이션 수단을 통해 퍼져 나갔다. 10월 5일, 뉴욕 폴리스퀘어에서 행진하던 시위대의 손에는 다음과 같이 적힌 플래카드가 들려 있었다. "ARAB SPRING, EUROPEAN SUMMER, AMERICAN FALL(아랍은 봄, 유럽은 여름, 미국은 가을)." 미국에서 현재 벌어지고 있는 월가 점령운동이 올해 초에 일어난 아랍 민주화운동의 연장선에 있다는 주장이다. 중심 없는 저항, 축제 같은 시위, 다양한 요구의 분출. 우리로서는 상기되는 경험이 있다. 바로 촛불시위다. 심지어 초기에는 참여하지 않았던 노동시민단체들이 결합하는 양상까지 닮아 있다.

한국의 촛불시위에서 아고라를 비롯한 커뮤니티가 담당한 '집단지성'의 역할을 블로그, 페이스북, 트위터를 통한 소통이 대체하고 있다. '거리정치' 또는 '직접행동'을 하는 데 있어 SNS는 정보 확산과 여론 확대, 네트워킹과 목적의식적인 동원 등에 효율적이고 효과적인 도구로 판명이 났다.

장우영 대구가톨릭대 국제행정학과 교수는 "그럼에도 SNS 혹은 전자민주주의는 대의민주주의의 대체재가 아니라 보완재 역할을 할 것"이라고 전망했다. 그는 "안철수 현상이나 박원순 현상은 기

존 대의제 정치집단에 '경고'를 보내는 것으로 해석할 수 있지만, 최종적으로 그것이 결실을 맺으려면 대의제를 통해 제도권에 수렴되어야 하기 때문이다."라고 덧붙였다. 장 교수는 장기적으로 운동의 양상도 달라질 것이라고 내다보았다. 단일 거대 이슈 중심에서 벗어나 최소 강령에 기반을 둔 다양한 흐름의 운동이 SNS를 통해 나타날 것이라는 예측이었다. 특정 이슈가 퍼져나가는 속도는 이미 겁날 정도다.

관련 연구자들에 따르면, 최근 영화 〈도가니〉를 둘러싸고 전개된 급속한 여론 변화의 추동력은 바로 SNS였다. SNS상의 여론이 전통 미디어에 의해 주목받고, 그것이 다시 SNS상의 토론으로 증폭되는 방식이었다. 송경재 교수는 이러한 현상을 '이슈의 눈덩이 효과'라고 불렀다. 송 교수는 "과거 '키보드 워리어'라는 말에서 보듯이 온라인과 오프라인이 괴리되는 현상이 지적되기도 했지만, SNS가 발달함에 따라 더 이상 온라인과 오프라인은 별개의 세상이 아니게 되었다."라고 주장했다.

송 교수는 "실제 SNS에서 이슈가 만들어지는 것을 관찰해보면, 정보의 빠른 확산보다 더 중요한 것은 선택된 정보가 지식 또는 견해로 재구성되어 SNS로 유통된다는 것"이라며, "최근 곽노현 교육감 사건이나 안철수·박원순 현상이 벌어졌을 때 SNS상에서 상당히 안정적이고 실체가 있는 여론의 지속적인 흐름이 발견되었다."라고 말했다. 2012년에 있을 총선과 대선에서 SNS가 결정적인 변수가 될 것이라는 점은 누구나 예측하고 있다. 또 하나 생각해야 할 변수는 세대다. 송경재 교수는 "우리 사회의 변화가 시작된 분기점이라고 할 수 있는 1987년 이후에 태어난 세대들은 이미 학교 반장 선거에서부터 가정생활에 이르기까지 민주화에 익숙한 세대들이라는 점을 간과할 수 없다."라고 말했다.

즉 결과는 일상에서 수평적 네트워크에 이미 익숙해져 있는 20~30대의 마음을 누가 얻느냐에 달려 있다는 것이다. 장우영 교수는 "보수와 진보 할 것 없이 SNS의 중요성이 역설되고 있지만, 아직 측정할 만한 지표가 없는 상태에서 과장된 측면도 없지 않다. ……현재 SNS 공간은 진보가 거의 독점하는 체제이지만, 보수에게도 학습효과가 작용하기 때문에 온라인 공간도 점차 세력의 균형을 이루는 형태로 나아갈 것"이라고 말했다. 10월 6일에 열린 한나라당 서울시장 선거대책본부 발대식에서, 홍준표 대표는 인터넷과 SNS상에서 선풍적인 인기를 끌고 있는 팟캐스트 〈나는 꼼수다〉를 만들고 있는《딴지일보》김어준 총수에게 전화를 걸어 "황금시간대에 한 시간만 대담하자."라고 요청했다. 소식을 들은 누리꾼들은 "홍 대표가 아직 개념을 모르는 모양"이라며 조소했다.

팟캐스트는 청취자가 원하는 시간에 다운받아서 들을 수 있는 인터넷방송이라는 것을 홍 대표가 모르고 있다는 지적이었다. 10.26 서울시장 보궐선거 국면까지는 확실히 진보개혁진영 쪽이 SNS 여론에서 주도권들을 가졌다고 할 수 있다. 내년 4월 총선, 12월 대선

까지 그 우위가 지속될까? 뚜껑을 열어봐야 알 수 있는 일이다.

'원순 씨의 492명이 나경원 2,799명을 이기는 방법'

10월 중순경부터 박원순과 함께하는 '희망합창단' 모집이 시작되었다. 희망합창단은 '원순 씨의 492명이 나경원 2,799명을 이기는 방법'이라고 소개되었다. 정당 소속인 나경원 후보가 동원할 수 있는 법적 선거운동원은 총 2,799명인 반면에 무소속 시민후보인 박원순은 선거운동원으로 492명만이 허용되었다.

그래도 박원순은 포기하지 않았다. 우리는 "그래도 저에겐 시민들이 있습니다."라며 웃고 있는 그를 생각하기로 했다. 퇴근 후에, 수업을 마치고, 가정에서, 직장에서, 카페에서, 광장에서 박원순을 도와주실 분은 희망합창단이 되어달라고 호소했다.

희망합창단의 미션은 세 가지였다. 첫째는 10월 22일 토요일 광화문 광장에서 '희망대합창'에 참여하여 노래 두 곡을 완창하는 것이었다. 이를 위해 매일 광화문 광장에서 8시부터 20분간 함께 노래를 배우는 시간이 진행되었다. 둘째 미션은 박원순을 위해 매일 3개 이상 온라인 선플 리트윗을 하자는 것이었다. 셋째 미션인 투표 참여 대작전 '55퍼센트를 잡아라!'를 통해 마지막 3일간 주위 사람들에게 투표를 권유하자고 집중적으로 제안했다.

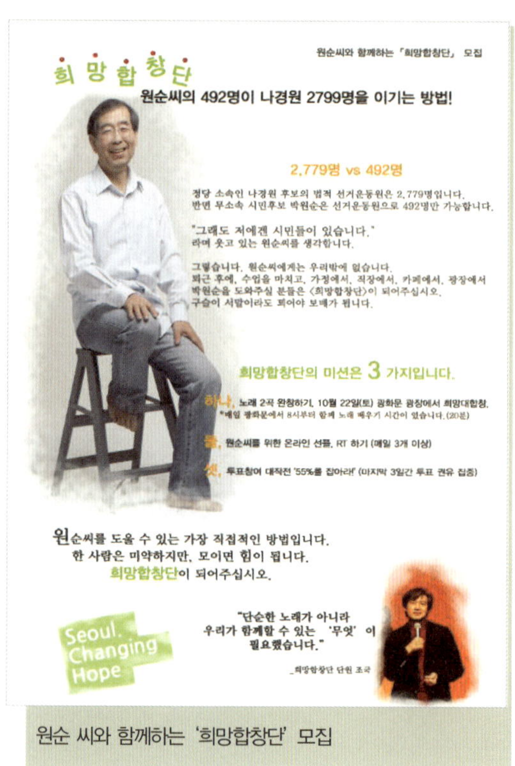

원순 씨와 함께하는 '희망합창단' 모집

한 사람의 힘은 미약하지만, 그것이 하나로 모이면 큰 힘이 된다. 희망합창단 단원인 서울대 조국 교수는 "단순한 노래가 아니라 우리가 함께할 수 있는 '무엇'이 필요했습니다."라고 말했다.

10월 18일 유튜브에는 10월 22일 광화문 광장에서 진행된 '희망대합창'을 예고하듯이 〈우린 하나 되어 이겼어〉라는 제목의 영상이 올라왔다. 이날 트위터에는, 야4당의 의원들뿐만 아니라 각계각층

의 사람들이 '박원순'이라는 키워드로 한 자리에 모여 손을 잡고 웃으면서 합창하는 모습이 새삼 감동적이었다는 반응이 이어졌다.

'One + 100' 프로젝트

서울시장 보궐선거 준비가 막바지로 접어들면서, 박원순의 희망 캠프에서는 무엇보다도 투표를 독려하는 데 집중하기로 하였다. 이를 위해 우선 10만 트위터리안 양병 프로젝트, 일명 'One+100' 프로젝트를 시작했다. 일당백의 역할을 할 '10만 SNS 의병대'를 모집하기로 한 것이다. 10만 트위터리안에게는 다음과 같은 임무가 부여되었다.

- 컴퓨터를 켠다. 네이버, 다음, 네이트, 야후, 구글 검색창에 '박원순', '원순닷컴' 등의 키워드를 검색한다.
- 소셜메트릭스 사이트(http://campaign.socialmetrics.co.kr)에 접속해서 트위터 동향을 파악한다. 악의적 트윗에는 항의 멘션을 보낸다.
- 원순닷컴에 접속해서 게시판에 응원글을 남기거나 댓글을 단다.
- 자신의 트위터나 블로그에 원순닷컴에 실린 글이나 박원순의 트윗을 리트윗한다.

희망캠프 내부에서도 투표 참여를 독려하기 위한 움직임으로 분주했다. 캠프 내부에 내려진 '지령'(?)은 다음과 같았다.

① 트위터 계정 만들기(기존 트위터 사용자 포함, 새 계정 하나 더 만들기. 예 : @victory1026)

② 자신의 트위터 계정 및 새로 만든 트위터 계정 공유(아이디와 비밀번호를 victory1026@gmail.com에 보내기)

③ 트위터 팔로워 늘리기(트위터 교육 프로그램 참고)

④ 한 사람이 100명의 트위터리안 만들기(리스트 공유)

⑤ 100명의 트위터리안이 각자 100명의 트위터리안을 만들고 하루에 5개씩 트윗 남기기(#박원순 해쉬태그)

⑥ 블로그 만들기(원순닷컴 콘텐츠 나르기, '박원순', '서울시장', '원순닷컴'을 태그로 남기기, 블로그 제목에 '박원순' 노출하기)

⑦ 서로 트위터 팔로워 맺기(맞팔)

⑧ '당' 만들기(모꼬지)

⑨ 플래시몹 참여 프로그램 만들기

⑩ 뷰티풀박스(beautifulbox.org)에 인증 샷을 올리고 트윗으로 알리기(예 : "시민이 시장이다. 10월 26일에 꼭 투표합시다. 당신이 모은 10표가 세상을 바꿉니다.")

　캠프 내 자원봉사자들은 트위터를 통해 투표 참여 메시지를 전달하는 데 집중했다.

　상식을 벗어나 네거티브 공세로 몸과 마음이 지쳐갈 때, SNS를 통한 시민들과의 소통은 우리에게 승리한다는 확신을 되새겨주었다. 이러한 과정은 그야말로 새로운 시대, 새로운 방식의 선거혁명이자, 정치혁명, 그리고 시민혁명의 대장정이었다.

박원순과 시민이 일궈내다
─참여정치 시작, 뉴미디어 시민혁명 출발

상식과 원칙이 이겼습니다

책상머리에서 연구하는 것보다 경청을 통해 답을 찾겠다. 처음부터 시민을 위한, 시민의 시장, 삶을 바꾸는 시장이 되겠다고 했다. 살아 있는 생물처럼 서울도 살아 있도록 시정을 운영해나가겠다. '함께 가는 길'을 따라가겠다. 서울시장은 서울시민 모두의 시장이다.

_박원순 서울시장 첫 출근날 아침에

변화의 조짐,
내 삶을 바꾸는 선거의 기적

1억 원 피부과와 2만 권 장서의 차이

10월 20일. 선거가 막바지에 이르자, 유권자들의 표심에 미묘한 변화가 일기 시작했다. '아니면 말고식', '퍼붓기식' 네거티브 공약을 계속하던 나경원 후보 측이 엉뚱한 방향에서 밀려오는 역풍을 맞기 시작했다.

시사주간지 《시사IN》은 이날 '나경원, 억대 피부클리닉 출입 논란'이라는 제목으로 단독취재한 내용을 보도했다. 반응은 즉각적이고 폭발적이었다. 나경원 후보에게 호감을 가졌던 많은 유권자들이 등을 돌리고 있다는 이야기가 들려왔다.

　10월 24일자 《프레시안》에는 김민웅 성공회대 교수의 글이 실렸다. 그는 이렇게 따끔한 일침을 가했다.

　한나라당 나경원 서울시장 후보의 1억짜리 피부과 출입 파장이 좀체 가라앉을 기세를 보이지 않는다. 특히 여성들의 거센 반감은 나 후보나 한나라당으로서는 감당하기 쉽지 않은 폭탄이다.

　트위터에서는 "그 돈으로 그 정도였어?"에서부터, 서울시장이 되면 자체 관리하겠다는 나 후보의 발언에 대해 "그렇다면 피부과 계속 다니게 해주자."에 이르기까지 조롱이 그치지 않는다.

　아마도 나경원이 특급 인기를 누리는 연예인이었다면 1억 원의 피부 관리가 질타의 대상이 아닌 그 피부과를 홍보하는 수단이 되었을 텐데, 스스로 '사회적 약자를 위한 시정'의 책임자가 되겠다고 한 장본인인지라 여론의 화살은 곧장 그녀를 겨누기 시작했다. 경쟁상대 측으로서는 이를테면 '최종병기 활'을 얻게 된 셈인데, 나경원으로서는 난처한 것이 그 활을 자기 스스로 발사한 것이라는 점이다.

　연회비 1억짜리 피부 관리와 사회적 약자는 서로 공존할 수 없다. 그만한 대가를 지불하고 피부 관리를 하자면, 사회적 약자에 대해 관심을 갖거나 이들을 위해 실천하기란 애초부터 거의 힘들다고 보는 편이 옳을 것이다. 바로 이 지점에서 정치적 위선과 기만이 시작된다. 자신의 삶과는 동떨어진 내용을 자기의 본질이라고 말하지 않으면 안 되는 처지에 놓인 나 후보는 끊임없이 거짓을 재생산하지 않을 도리가 없게

된다. 자기 스스로 놓은 덫이다…….

나경원이 1억을 주고 피부과에 출입한 것의 다른 한편에는 박원순이 소장한 2만 권의 장서가 있다. 그 많은 책을 다 읽었느냐하는 호기심보다 그 많은 책을 사 모으기 위한 관심과 노력이 우선 주목된다. 그건 결코 쉽지 않은 일이며, 지속적으로 독서하고 연구하는 열의가 없다면 이뤄내기가 매우 어렵다. 학자들에게도 2만 권 장서를 소장하기란 에베레스트 산을 등정하는 것과 같다.

책을 읽지 않는 공인은 위험하다. 적은 독서량으로 자신의 지식을 완비했다고 여기는 공인은 더더욱 위험하다. 그래서 '책 읽는 사회'를 만들어가는 공인은 소중하다. 그것은 생각하는 시민을 길러내는 도시를 꿈꾸는 일이자, 인문학적 지식과 상상력으로 세상을 정의롭고 아름답게 변화시키는 힘을 만들어가는 일이기 때문이다…….

1억짜리 피부 관리와 2만 권 장서, 그 사이에는 건너기 어려운 강이 흐른다. 아니, 구태여 건너지 않아도 된다. 비싼 피부과 다니고 싶은 사람은 그대로 계속 다니라고 하고, 책 읽고 연구하면서 새로운 도시를 만들겠다는 사람은 또 그렇게 하게 해주면 된다.

박원순과 희망캠프는 10.26 서울시장 보궐선거로 낡은 시대를 마감하고 시민을 위한 새 시대를 여는 축제의 날을 맞이하자고 외쳐왔다. 선거를 나흘 앞둔 10월 24일 토요일, 서울 종로구 광화문 광장에서 열린 '희망대합창' 유세는 그 구호를 현실로 만드는 자리였다.

이날 행사에는 야권 단일후보 박원순을 지지하는 서울시민들과 야당, 시민단체 등 1만여 명이 집결해 그동안의 선거에서는 볼 수 없던 또 다른 유세의 장을 만들며 그야말로 '축제'처럼 진행되었다.

참석자들의 면면도 화려했다. 야4당 대표와 한명숙, 문재인 등 참여정부 인사를 비롯해 박원순 희망캠프의 멘토단인 유홍준 교수, 임옥상 화백, 방송인 신경민, 정혜신 박사, 금태섭 변호사, 가수 이은미 등이 총출동했다.

특히 최근 이슈의 중심에 선 '나꼼수' 팀이 함께했다. '나꼼수'를 보기 위해 광화문에 왔다는 이들도 있었다. 어쨌거나 이들 덕분에 축제의 분위기는 더욱 뜨겁게 달궈졌다.

무대는 광화문 세종대왕 동상 부근에 세워졌다. 오후 4시부터 시작한 행사는 시간이 흐를수록 참석하려는 시민들이 늘어나 광화문 광장에 이어 세종문화회관 계단, KT, 미국대사관 앞까지 발 디딜

희망대합창 참석자들이 〈우리 하나 되어 이겼어〉를 함께 부르고 있다.

틈이 없을 정도였다. 미국산 쇠고기 수입 반대 촛불집회 이후 최대 인원이 광화문에 몰리면서 휴대전화가 잠시 불통되었을 정도였다.

축제의 하이라이트는, 박원순 후보 측 시민합창단과 서울시민들이 함께 부른 〈우리 하나 되어 이겼어〉 합창과 해가 지자 하나둘 켜지기 시작한 1만여 개의 촛불들이었다.

행사에는 가족, 연인, 친구와 함께한 시민들이 대부분이었는데, 네거티브 선거전과 지난 시정에 대한 비판의 목소리가 높은 만큼 박원순을 향한 믿음과 기대 또한 높아지는 분위기였다.

"박원순과 함께 특권과 반칙의 세상을 끝내고, 새로운 세상을 맞을 준비가 되셨습니까?"

무대에 오른 박원순의 물음에 대한 서울시민들의 열렬한 환호는

10월 26일부터 펼쳐질 서울의 밝은 미래를 미리 축하하는 것 같았다.

안철수의 두 번째 '아름다운 지지'

안철수 원장의 응원 편지

1955년 12월 1일, 목요일이었습니다. 미국 앨라배마 주의 '로사 파크스'라는 한 흑인 여성이 퇴근길 버스에 올랐습니다. 잠시 후 비좁은 버스에 백인 승객이 오르자, 버스 기사는 그녀에게 자리를 양보할 것을 지시했습니다. 그녀는 이를 거부했고, 그 자리에서 체포되어 재판에 넘겨졌습니다.

하지만 이 작은 움직임이 많은 사람들의 공감을 불러일으켰고, 미국 흑인 인권운동에 큰 전환점이 됐습니다. 흑인에게 법적 참정권이 주어진 것은 1870년이었지만, 흑인이 백인과 함께 버스를 타는 데는 그로부터 85년이 더 필요했고, 그 변화를 이끌어낸 힘은 바로 그녀의 작은 '행동'이었습니다. 후에 그녀는 이렇게 말합니다.

"내게는 여느 날과 똑같은 날이었지만, 수많은 대중들의 참여가 그날의 의미를 바꿔놓았다."

'선거'는 바로 이런 '참여'의 상징입니다. 저는 지금 우리가 새로운 시대를 열어가는 변화의 출발점에 서 있다고 생각합니다.

그래서 이번 시장선거는 부자 대 서민, 노인 대 젊은이, 강남과 강북

의 대결이 아니고, 보수 대 진보의 대립은 더더욱 아니어야 한다고 생각합니다……

저 역시 1천만 시민의 한 사람으로서 당당히 제 한 표의 권리를 행사하기 위해 이른 아침 투표장에 나갈 것입니다. 여러분도 저와 함께해주시기를 간곡하게 청합니다.

10월 24일, 오후 1시. 안철수 원장이 희망캠프를 방문했다.

어마어마한 취재진이 몰려들었다. 늦게 온 기자들은 문밖에서 대기해야 했다. 캠프 상근자들조차 제자리를 지키지 못할 정도였다. 안철수 원장의 등장은 그만큼 큰 관심거리였다. 지난 9월 6일 '아름다운 합의'를 이룬 뒤 48일 만에 다시 성사된 만남이었다.

안철수 : 선거 치르느라고 고생이 많으십니다.

박원순 : 살이 더 빠진 것 같습니다.

안철수 : 그래도 그런 과정을 통해서 서울시민들이 진정으로 뭘 원하는지를 알게 되셨을 것 같아요.

박원순 : 제가 다녀보니까 뭔가 변화를 바라는 갈증이라 할까, 염원이 너무 깊다는 것을 계속 느꼈습니다. 저 한 사람의 선거가 정말 아니구나, 많은 사람들이 저라는 사람을 통해서 소망들을 표현하고 있구나 하는 것을 느꼈습니다.

안철수 : 저도 멀리서나마 계속 성원하고 있었고, 오늘 응원 드리러 왔습니다. 저 나름대로 고민해서 쓴 응원의 메시지가 있는데, 한번 읽어보시면 좋겠습니다. 앞으로 시장이 되시면 상식에 기반하고 또 서울시민 누구나 미래를 꿈꾸면서 정말 자부심을 느낄 수 있는 그런 시정을 펼쳐주실 것으로 믿습니다.

박원순 : 저는 처음부터 우리 안철수 원장님 또 야권의 여러 정당들, 시민들과 함께 뭔가 새로운 사회, 새로운 서울을 만들어야겠다는 생각을 했습니다. 말씀하신 대로 반칙과 특권이 아니라 상식과 합리성이 지배하는 사회가 되어야 한다고 생각해왔는데, 함께할 수 있어서 너무 좋습니다.

안철수 : 며칠 남지 않았지만, 남은 시간 동안 열심히 하셔서 꼭 바라는 바 이루시기 바랍니다. 저는 예전부터 갖고 있던, 상식을

기반으로 하고 누구나 미래를 꿈꿀 수 있고 자부심을 느낄 수 있는 사회가 됐으면 좋겠다는 생각에 변화가 없기 때문에, 그런 판단을 기준으로 선택하실 시민들의 생각을 믿습니다.

박원순 : 늘 함께하겠습니다.

서로 신뢰감이 넘쳐나는 대화였다. 동행인 한 명 없이 홀로 희망캠프를 찾아온 안철수 원장은 기자들 앞에서 환한 모습으로 박원순과의 진한 연대를 과시했다. 그리고 20여 분간 박원순과 환담을 나눈 뒤 홀연히 희망캠프를 떠났다.

그의 응원 방문은 역시 '안철수'다웠다. 성명 발표나 선거 유세 참여 등과 같은 기존의 지지 패턴에서 완전히 벗어나 매우 신선한 방식으로 이루어졌다. 선거운동의 마지막 시점

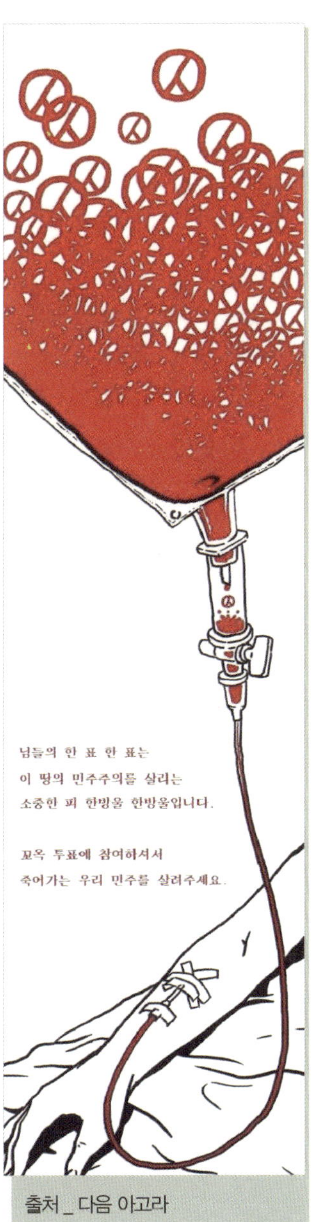

출처_ 다음 아고라

에서 안철수 원장은 새로운 정치, 그리고 선거의 변화를 알리는 메시지를 이렇게 또 한 번 제시했다.

나경원 후보 측은 안철수 원장의 지지 방문이 이루어지기 2~3일 전부터 박원순은 물론 안철수 원장을 흠집 내는 데 사력을 다했다. 박원순의 삶은 졸지에 '협찬인생'이 되었고, 안철수 원장은 '정치교수'가 됐다.

나경원 후보는 직접 "남자가 쩨쩨하게……." 운운하며 선동적 발언을 일삼았다. 선동적이라기보다 유아적이라고 말하는 게 더 어울릴지도 모르겠지만, 나경원 후보가 직접 박근혜 한나라당 전 대표에게 선거에 참여해줄 것을 부탁하면서 던진 숱한 러브콜을 기억하는 시민들에게는 자가당착적인 모습으로 비쳐질 뿐이었다. 그만큼 나경원 후보 측이 당황하고 있다는 반증이기도 했다.

《한겨레》의 성한용 정치담당 선임기자는 이날 안철수 원장의 방문에 대해 이렇게 분석했다.

안철수 서울대 융합과학기술대학원 원장이 박원순 야권 단일후보 사무실을 공개적으로 방문한 24일, 정치분석가들은 서울시장 선거구도가 '나경원 대 박원순'에서 '박근혜 대 안철수'로 바뀌었다고 분석했다.

안철수 원장은 전날 밤 예고한 데 이어, 이날 낮에 매우 세련되고 절도 있는 모양새로 현실정치에 개입하고 나섰다. '응원 방문'이나 '편

지 전달'은 기존 정치인들이 흉내내기 어려운 참신한 방식이다. 게다가 편지를 통해 '나경원 대 박원순' 구도를 '대립과 화합', '과거와 미래', '편법과 원칙', '비상식과 상식'이 맞서는 구도로 환치했다. 매우 부드러운 방식으로 매우 선동적인 메시지를 내뿜은 것이다.

안철수 원장은 선거 날 날씨가 갑자기 추워질 경우를 걱정하면서 "투표율이 60퍼센트를 넘었으면 좋겠다."라고 말했다.

넘치는 투표참여 릴레이 선언, "꼭 투표합시다"

드디어 10.26 서울시장 보궐선거 선거운동 마지막 날.
희망캠프는 시민들의 투표를 독려하기 위한 '텐텐(10.10) 캠페인'을 진행했다.

행동 롸잇나우 지침 "10명에게 열열이 투표를 권해요!"
- 10명에게 문자를 보내세요. 10명에게 전화하세요.
- '당신은 멋쟁이' 투표 선언 인증 샷! 10명에게 리트윗하세요.
- 26일 모든 인사는 "투표했어요?"로 시작하세요.
- 25일 밤, 과음과 과로는 삼가주세요.
- 폭우가 몰아쳐도, 데이트가 있어도 투표는 꼭 하세요.

- 저장된 전화번호로 열심히 전화하세요. 헤어진 여자친구, 빚쟁이에게도~
- 가족부터 챙기세요. 가족은 사돈의 8촌, 이웃 4촌까지!
- 만나면 반갑게, 손가락 10개 펴고, '10번 박원순' 짝짝짝!
- 당당하게 말해요! "부장님, 투표하고 오겠습니다!"
- 투표하고 '투표팅' 벙개, 우리는 하나다!

유명인과 시민들이 투표 참여를 권하는 메시지 및 멘션도 온라인과 트위터 등을 통해 줄을 이었다. 이번 선거가 단순히 '서울시장 보궐선거'가 아니라, 선거문화의 변화와 발전을 염원하는 마음들이 모이는 자리임을 확인해주는 내용이었다.

신경민 @mentshin : 광화문 집회에서 '미디어몽구'가 투표 관련 즉석멘트를 요청하길래 이런 요지로 말했죠. "투표가 모든 것을 바꾸진 못합니다. 그러나 생각보다 많은 것을 바꿀 수 있는 시작입니다." 낮은 투표율을 원하는, 특히 젊은 투표를 두려워하는 세력은 곤란합니다.

강금실 @kangkumsil : 선거일은 트윗 못하게 하는군요. 이제 시간이 얼마 남지 않았습니다. 저는 절박하답니다. 너무 많은 역사의 퇴행을 목격했습니다. 이건 아닙니다. 반드시 투표해서 역사 앞에 당당한 주인이 됩시다.

정혜신 @mindjj : 안철수 원장이 박원순 후보에게 '모든 사람들이 자

부심을 느낄 수 있는 사회'를 말하며 지지를 표했다. 산소를 마시는 느낌이다. 진짜 산소…….

김여진 @yohjini : 투표에 대해 회의적인 태도를 보여주시는 분들께 정말 몰라서 묻습니다. 1) 투표 거부로 무언가 얻어낼 만큼 조직적으로 뚜렷이 뭔가를 하고 계신가요? 2) '고작 박원순'이라면서, 어떤 후보를 원하세요? 그 후보 지금 왜 안 나왔나요? 3) 원하는 게 정확히 뭔가요?

강풀 @kangfull74 : 이제 서른 몇 시간 남았군요. 투표하면 예뻐집니다.

이효리 @frog799 : 아니, 근데 서울시민으로서 서울시장 뽑는 투표에 다 같이 참여하자는 뜻을 밝힌 것뿐인데 용기 있다는 사람은 뭐고, 또 욕하는 사람은 왜인 거죠? 음……, 그런 말 하면 안 되는 건가요?

박중훈 @moviejhp : 제가 이해하고 있는 투표의 개념은 이런 겁니다. 현재 뭘 맡고 있는 쪽이 잘한다고 생각하면 계속 그쪽을 찍으면 되고요, 현재 하고 있는 쪽이 마음에 안 든다면 새로운 쪽을 찍어 바꾸는 것! 그게 투표라 생각해요.

선거 전날 서로가 서로에게 다짐하는 투표 참여 권장 메시지는 신선한 감동을 주었다. SNS를 통한 선거혁명이라는 것이 그 어느 때보다 직접 몸으로 느껴졌다. 과거 돈 봉투나 고무신 따위를 돌리며 투표를 '매매'하던 시절을 생각하면, 이것이야말로 뉴미디어가

박원순과 시민이 일궈내다 – 참여정치 시작, 뉴미디어 시민혁명 출발

던져준 선거의 혁신이자 선거민주주의의 꽃이라는 생각이 들었다.

"이제 시민혁명을 시작합니다!"

10월 25일, 박원순은 '서울시민 여러분께 드리는 글'이라는 제목으로 투표일 전 마지막 성명을 발표했다.

오늘 하루가 지나면 우리는 새로운 서울을 만날 것입니다. 10월 26일, 우리는 낡은 시대를 떠나보낼 것입니다. 특권과 반칙, 1퍼센트의 독선과 독주가 지배하던 서울은 역사의 뒤편으로 사라지고, 상식과 정의, 99퍼센트의 참여와 협력이 어우러진 서울이 역사의 전면에 등장할 것입니다.

1천만 서울시민 여러분, 투표가 내 삶을 바꿉니다. 저는 그 한 표 한 표를 서울의 변화를 부르는 기적이라 부를 것입니다.

투표가 서울을 바꿉니다. 낡은 시대를 연장하려는 세력이 다시 총결집하고 있습니다. 변화를 바라는 우리 모두가 마지막까지 흔들리지 않고, 정성을 모아 승리를 지켜야 할 것입니다.

준비의 시간은 모두 끝이 났다. 결과가 어떻게 나오든, 10월 26일은 내 인생에서 가장 기억에 남는 하루가 될 것이었다.

"그렇습니다.
시민이 승리했습니다"

원순닷컴, 디도스 공격받다

마침내 그날이 왔다. 10.26 서울시 보궐선거 투표 날.

하지만 우리는 선거 당일까지 마음을 놓을 여유도 없이 '사건' 처리에 나서야 했다. 희망캠프 공식 홈페이지인 원순닷컴이 디도스 공격을 받았기 때문이다. 중앙선거관리위원회 홈페이지 역시 디도스 공격을 받아 열리지 않았다. 농담 삼아 "혹시 북한의 소행 아니냐?"라는 이야기도 나눴지만, 당황스러울 수밖에 없는 사건이었다.

어쨌거나 드디어 투표일이다. 이날의 최대 관심사는 단연 투표율이었다. 45퍼센트 미만일 때는 나경원 후보가, 50퍼센트 이상일 때는 박원순 후보가 당선권에 들고, 40퍼센트 중후반대는 박빙의 승부가 될 것이라는 관측이 대부분이었다. 투표 전날인 10월 25일에 나온 각종 여론조사의 결과에서는 박원순 후보가 4~7퍼센트 포인트 차이로 앞서고 있다고 했다.

그렇다고 긴장을 늦출 순 없었다. 최근 선거 결과에서 사전 여론조사와 큰 오차가 벌어지거나 우세를 보이다가도 뒤집어지는 경우가 속출했기 때문이다. 박원순 후보는 아침에 부인과 함께 투표를 마치고 휴식을 취하러 집으로 돌아갔다. 이날은 그의 생에서 가장 긴 하루가 될 것이었다.

SNS상에서 투표에 참여하자는 목소리도 최고조에 올랐다. 선관위에서 '특정후보를 지지하는 유명인들의 선거 당일 투표 독려 행위 금지'라는 규정을 발표했지만, 이를 비웃기라도 하듯 트위터를 중심으로 유명인의 투표 독려 메시지가 이어졌다.

이외수 @oisoo : 투표하셨다는 멘션들이 계속 올라오고 있네요. 참 멋진 분들이십니다. 선관위가 발표한 불법 독려 조항에 저촉되지 않는 범위 안에서 저는 닥치고 중계방송이나 하겠습니다. 하지만 쫄지는 않겠습니다.

김제동 @keumkangkyung : 투표율 50퍼센트 넘으면 삼각산 사모바위 앞에서 윗옷 벗고 인증 샷 한번 날리겠습니다. 근데 이게 도움이 될까요? 고민되네.

선관위는 앞서 말한 범위에서 SNS도 예외일 수 없다고 했다. 하지만 '유명인'과 '일반인'의 기준이 애매모호할 뿐 아니라 '돈은 묶고 입은 푼다'라고 하는 선거법의 기본 모토와도 어울리지 않는다는 지적이 이어졌다.

좋은 출발, 최종 결과는 과연……

'오전 11시 현재 서울시장 보궐선거 투표율 19.4퍼센트.'

선관위 공식 발표가 나오자 희망캠프에는 '우리가 승기를 잡는 것이 아니냐?'는 이야기가 나오기 시작했다. 오전 11시까지 투표율 상황이 어떻게 나오는지가 매우 중요하며, 20퍼센트가 넘을 경우 박원순 후보가 당선될 가능성이 높아진다는 분석이 있었기 때문이었다.

하지만 오후에 접어들면서 상황은 반전되었다. 오전 시간대에는 기존 지방선거나 재ㆍ보궐선거에 비해 높은 투표율을 보인 것이 사실이었지만, 오후 들어 상승세가 꺾이면서 투표율이 소강상태를 보였기 때문이다.

'박원순의 운명은 언제나 이렇게 쉽게 길을 내주지 않는구나.'

우리는 결국 승리할 것을 의심하지 않았지만, 가슴이 철렁 내려앉는 듯한 느낌이 드는 것은 어쩔 수 없었다. 여론조사 분석기관들

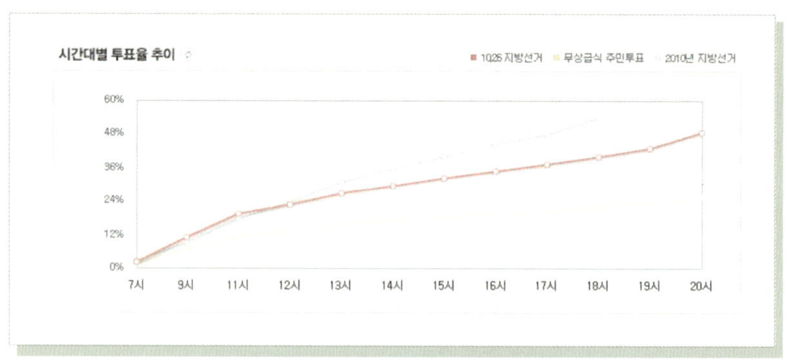

은 45퍼센트 후반대의 투표율이 나올 것이라는 전망을 내놓기 시작했다. 그렇게 된다 해도 낙담하기에는 아직 일렀다. 다만 지난해 서울시장 선거와 올해 무상급식 찬반투표에서 이른바 '계급투표'를 통해 여당을 강력히 지지해온 '강남 3구' 유권자들의 투표율이 다른 지역에 비해 높았기 때문에 긴장감을 늦출 수 없었다.

희망캠프에서는 긴급히 대책회의를 갖고 '비상상황'이라는 입장을 공유했다. 지난해 치러진 서울시장 선거에서 민주당 한명숙 후보가 한나라당 오세훈 후보에게 0.6퍼센트 포인트라는 근소한 차이로 패배한 아찔하던 상황을 떠올리지 않을 수 없었다.

'오후 8시 마감. 서울시장 보궐선거 최종 투표율 48.6퍼센트.'

오후 6시가 넘어가면서 투표율 추세는 소강곡선에서 다시 상승곡선으로 바뀌었다. 투표장으로 가자는 독려가 트위터나 페이스북을 비롯한 SNS를 통해 유권자들 사이에 더욱 확산되면서, 퇴근길

직장인들의 발길이 투표소로 향하기 시작한 것이다.

48.6퍼센트. 50퍼센트를 넘지 못했지만 평일 치러진 선거에서는 이례적으로 매우 높은 투표율이었다. 주사위는 이제 던져졌다. 어떤 결과가 나올 것인가. 이제 우리 앞에는 물리적 시간을 거스르는 길고 지난한 개표 결과 확인의 시간이 기다리고 있었다.

그리고 희망은 승리를 이뤘다

오후 8시에 투표가 종료됨과 동시에 발표된 출구여론조사에서 박원순 후보가 나경원 후보를 4~9퍼센트 포인트 차로 이기는 것으로 나타났다.

그 결과를 여야 지도부와 희망캠프 사람들, 시민들과 함께 지켜보던 박원순 후보는, 주변 사람들의 다소 이른 축하 인사에 화답하면서 미소만 지을 뿐 스스로 기쁨에 겨운 모습을 보이지는 않았다.

아직 최종 결과를 지켜봐야 한다는 의미였겠지만, 아마도 그때 그는 자신의 어깨 위에 놓여 있는 무거운 기대를 떠올리고 있었던 것이 아니었을까.

지난 50일, 아니 그보다 훨씬 전부터 자신이 지키고자 해온 가치와 비전, 그리고 국정원 소송 관련 사건부터 백두대간 종주, 안철수 원장과의 약속, 범야권 후보단일화 국민참여경신, 시민과 함께한

선거운동과 SNS에서 발견한 새로운 희망, 상대방의 흑색선전과 이에 굴하지 않으면서 꿋꿋이 헤쳐나간 선거과정, 투표 당일의 대접전……. 이 모든 것들을 떠올리며, 그는 그때 이미 자신이 해야 할 일들을 정리하고 있었을지도 모른다. 그게 바로 박원순다운 모습이다.

"이겼다!"

주변의 환호가 귓가에 가득 울렸다. 10.26 서울시장 보궐선거 최종 개표 결과 무소속 박원순 후보가 총 53.40퍼센트(215만 8,476표)의 득표율로 46.21퍼센트(186만 7,880표)의 득표율을 차지한 한나라당 나경원 후보를 7.19퍼센트 포인트 앞서 서울시장 당선이 확정된 것이다!

'이겼다.'

감동에 앞서 전율이 온몸을 타고 흘렀다. 내 머릿속에서 지난 50일간의 일들이 영화필름처럼 지나갔다.

그 50일간의 과정을 한 단어로 정리하자면, 바로 시민과 함께 한 '시민혁명'이라고 말할 수 있지 않을까.

야권 통합 시민후보 박원순은 오늘 이 자리에서 서울시민의 승리를 엄숙히 선언합니다.

박원순과 시민이 일궈내다 - 참여정치 시작, 뉴미디어 시민혁명 출발

› 구로구	› 영등포구	› 금천구
› 투표율 : 48.5%	› 투표율 : 48.7%	› 투표율 : 44.3%
› 유권자수 : 345,292명	› 유권자수 : 331,303명	› 유권자수 : 200,042명
› 투표자수 : 167,459명	› 투표자수 : 161,268명	› 투표자수 : 88,633명
56.46% 45.15%	**53.63%** 46.01%	**58.42%** 41.12%
무소속 박원순 한나라 나경원	무소속 박원순 한나라 나경원	무소속 박원순 한나라 나경원

› 관악구	› 도봉구	› 노원구
› 투표율 : 47.9%	› 투표율 : 48.5%	› 투표율 : 50.3%
› 유권자수 : 447,239명	› 유권자수 : 296,236명	› 유권자수 : 473,941명
› 투표자수 : 214,066명	› 투표자수 : 143,677명	› 투표자수 : 238,496명
62.74% 36.85%	**54.72%** 44.87%	**55.51%** 44.08%
무소속 박원순 한나라 나경원	무소속 박원순 한나라 나경원	무소속 박원순 한나라 나경원

› 강북구	› 성북구	› 은평구
› 투표율 : 45.2%	› 투표율 : 48.5%	› 투표율 : 46.2%
› 유권자수 : 284,982명	› 유권자수 : 397,262명	› 유권자수 : 399,391명
› 투표자수 : 128,854명	› 투표자수 : 192,694명	› 투표자수 : 184,582명
56.98% 42.58%	**56.87%** 42.74%	**56.96%** 42.64%
무소속 박원순 한나라 나경원	무소속 박원순 한나라 나경원	무소속 박원순 한나라 나경원

› 종로구	› 서대문구	› 마포구
› 투표율 : 49.5%	› 투표율 : 49%	› 투표율 : 49.9%
› 유권자수 : 142,226명	› 유권자수 : 263,124명	› 유권자수 : 322,764명
› 투표자수 : 70,402명	› 투표자수 : 129,015명	› 투표자수 : 160,977명
53.97% 45.62%	**56.57%** 43.03%	**57.66%** 42.01%
무소속 박원순 한나라 나경원	무소속 박원순 한나라 나경원	무소속 박원순 한나라 나경원

› 중구	› 성동구	› 광진구
› 투표율 : 49.9%	› 투표율 : 48%	› 투표율 : 47.4%
› 유권자수 : 112,463명	› 유권자수 : 249,948명	› 유권자수 : 305,595명
› 투표자수 : 56,138명	› 투표자수 : 120,002명	› 투표자수 : 144,836명
51.96% 47.65%	**54.3%** 45.32%	**55.83%** 43.81%
무소속 박원순 한나라 나경원	무소속 박원순 한나라 나경원	무소속 박원순 한나라 나경원

› 동대문구	› 중랑구	› 강동구
› 투표율 : 47.6%	› 투표율 : 44.4%	› 투표율 : 48.2%
› 유권자수 : 304,999명	› 유권자수 : 348,726명	› 유권자수 : 399,902명
› 투표자수 : 145,246명	› 투표자수 : 154,743명	› 투표자수 : 192,851명
54.32% 45.24%	**54.8%** 44.75%	**51.64%** 47.98%
무소속 박원순 한나라 나경원	무소속 박원순 한나라 나경원	무소속 박원순 한나라 나경원

박원순 후보 우세 지역

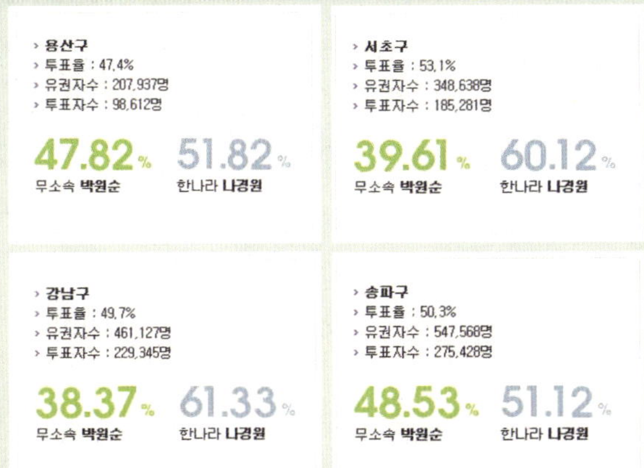

나경원 후보 우세 지역

시민이 권력을 이기고, 투표가 낡은 시대를 이겼습니다. 상식과 원칙이 이겼습니다. 오늘 우리는 새로운 시대를 선택한 것입니다.

통합과 변화의 길에 함께 해주신 민주당, 민주노동당, 진보신당, 국민참여당, 창조한국당, 시민사회 모든 분들께 감사드립니다. 우리는 더 큰 시민의 이름으로 하나 되어 이겼습니다. 연대의 정신은 시정을 통해 구현될 것입니다.

박원순은 시민의 일원으로서 당선된 것입니다. 시민의 분노, 지혜, 행동, 대안이 하나의 거대한 물결을 이뤄내 승리한 것입니다. 시민이 시장이라는 정신은 온전히 실현되었습니다.

시민 여러분께서 돈이 없는 제게 자금을 만들어주셨고, 조직이 없는 제게 시스템이 되어주셨고, 공격을 당하는 제게 미디어가 되어주셨고,

박원순과 시민이 일궈내다 – 참여정치 시작, 뉴미디어 시민혁명 출발

제 책상 위의 정책에 생명을 불어넣어 주셨습니다. 그렇습니다. 1995
년 시민의 손으로 서울시장을 직접 뽑기 시작한 이래 26년 만에 드디
어 이번 선거에서 '시민이 시장'이라는 민주주의의 정신을 완성한 것
입니다.

'내 삶을 바꾸는 첫 번째 시장'은 커다란 구호가 아닙니다. 시민들의
고단한 삶에 작은 위로와 격려가 될 수 있다면 좋겠다는 생각으로 만

든 것입니다. 시민들 삶 곳곳의 아픔과 상처를 찾아내는 일부터 시작할 것입니다. 보편적 복지는 사람 중심의 서울을 만드는 새로운 엔진이 될 것입니다.

다시 한 번 천만 서울시민 여러분의 위대한 결정에 감사드립니다. 저 박원순, 시민의 편에 서서 시민이 가라는 길을 가겠습니다.

박원순과 시민이 일궈내다 - 참여정치 시작, 뉴미디어 시민혁명 출발

우리는 끝내 이루었다

　박원순 변호사가 시민들과 함께 이루어낸 이번 승리는 변화를 바라는 시민들의 의지가 함께했기에 가능했다.

　이제 내년이면 총선과 대선이 치러진다. 야권 단일화 후보의 승리를 바탕으로, 잃어버린 지난 5년을 되찾아야 한다. 그것이 바로 새로운 정치가 가야 할 길이다. 1퍼센트의 시민이 아니라 99퍼센트의 시민을 위한 정치, 개발과 성장이 아니라 복지에 기반을 두고 삶의 질을 끌어올리는 새로운 정치가 되어야 한다.

　2012년 총선과 대선에서는 뉴미디어 선거혁명이 이루어질 것이다. 온라인과 오프라인 현장이 연계되어 민주주의의 꽃이라 불리는 선거의 힘을 보여줄 것이다. 스마트폰 사용자 2000만 명, 트위터 가입자 1000만 명이 되는 시대가 펼쳐질 것이다. 이성과 감성, 현장의 생생한 목소리가 어우러질 2012년, 그때 이 책이 작은 밑거름이 되기를 한 번

더 기대한다.

글을 마무리하는 이 순간, 가장 의미 있는 기록은 사람들이라고 생각한다. 우선 희망캠프의 소셜4.0위원회에서 활동하면서 원순닷컴과 SNS를 활용한 선거운동을 책임진 50여 분에 가까운 사람들에게 감사를 드리고 싶다. SNS 전문가인 임문영 씨, 원순닷컴을 기획하고 디자인한 조혜원 씨, 희망제작소를 그만두고 안식월 중에 합류하여 불철주야 원순닷컴과 트위터, 페이스북을 관리한 이성은 씨, 운영 중이던 광고회사 대표직을 잠시 내려놓고 실무를 이끈 김현성 씨, 젊은 감각으로 박변의 유세 현장에서 카카오톡을 통해 생생한 소식을 전달한 권호현 씨, 콘텐츠를 발굴하고 소개한 오유진 씨와 한정혜 씨, 뉴스레터를 기획하고 콘텐츠를 만들어낸 최인숙 씨, 박변에 대한 소갯글을 정리한 김윤경 선생……. 정말 많은 사람들이 소셜4.0위원회에서 활동해주었다. 정말 감사할 따름이다.

선거기간 동안 잠자리를 제공해준 원기준 목사, 미우나 고우나 함께 호흡을 맞춘 김민영, 최승국, 서왕진 박사, 최승국, 민만기, 천준호, 안일원(리서치뷰 대표), 송성수, 김형수, 염형국 변호사, 손성희, 이승은 씨에게 감사를 드린다. 특히 50여 일 함께 동고동락한 두 사람, 박진섭 희망캠프 기획위원장과 오성규 희망캠프 사무처장에게 감사드린다. 이 두사람의 즉각적인 판단과 집요함이 없었다면 여기까지 오는 길이 너무 힘들었을 것이다.

이 책을 엮기 위해 기초자료를 수집하고 초안을 잡은 김용자 씨와 최은진 씨에게 특히 감사를 드린다. 촉박한 시간임에도 책을 낼 수 있게 해주신 최용철 사장님을 비롯한 두리미디어 식구들에게도 감사드린다.

끝으로 부모님과 형, 아내(임금선)와 아들 유현이에게 이 책을 바친다.

아니, 시민의 이름으로 박원순 희망캠프를 돕고 끝까지 지지해준 모든 시민들에게 이 책을 남긴다. 그 사려 깊고 헌신적인 영혼들에게, 감사드린다.

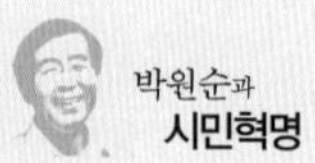

사람이 희망이고 기록이다. 고마운 사람들. 그 이름들을 한 번 더 불러
본다.

'희망캠프' 시민참여본부 사람들

하승창 이용선 김종민 배옥병 홍용표 성기청 이귀보 박용성 이경희
이해숙 김미란 김여정 손병권 강필성 오호진 강보라 김수정 설도심
성용진 성홍석 이효동 정용철 정윤석 정장식 홍명근 김종원 문치웅
민병희 유병학 류하선 김인선 송지영 최 용 민만기 홍석인 김대경
김윤경 홍서연 김세환 권오재 박인규 조연희 천준호 우대식 이재선
강중구 장경희 김제선 정완숙

'희망캠프' 자원봉사자들

강서해 강평기 강향임 고남균 고순정 공지희 구미정 금수래 기은경
김경록 김기준 김동직 김란기 김민욱 김민정 김세욱 김수진 김승화
김양균 김영지 김영태 김용기 김원철 김윤경 김인선 김정웅 김종덕
문민현 민병희 박경재 박남수 박민수 박병석 박소용 박수완 박필수
박필수 박해자 박현숙 배종혁 백인용 서복기 성시훈 송은혜 신영섭
신옥미 안명혁 안정연 안정주 안철태 양수철 양회현 연희자 오유주
원동업 유대준 유병학 유인혜 윤영헌 윤인희 윤효선 이선연 이성희
이영기 이영미 이용길 이재선 이진옥 이찬웅 이태환 이혜민 이효동
임나라 임명숙 임통일 장기석 장영계 장재원 장태성 전성기 정다희
정미영 정장식 정진희 정찬휘 정희수 조용연 조은경 차 연 차현재
최길균 최병석 최상면 최영숙 최인철 최지현 최철민 최현석 하홍수
한수림 한정혜 한정화 현준희 홍명근 홍승택 홍지명 ……

그 외 모든 희망지기 시민들

박원순과 시민혁명
50일간의 희망기록

초판 4쇄 2011년 11월 9일 발행

지 은 이 ㅣ 유창주
펴 낸 이 ㅣ 최용철
펴 낸 곳 ㅣ 도서출판 두리미디어

등록번호 ㅣ 제10-1718호
등록일자 ㅣ 1989년 2월 10일
주　소 ㅣ 서울시 마포구 서교동 369-25
전　화 ㅣ (02)338-7733　팩　스 ㅣ (02)335-7849
Homepage ㅣ www.durimedia.co.kr
E-mail ㅣ editor@durimedia.co.kr
ⓒ 유창주, 2011, Printed in Korea

ISBN 978-89-7715-256-4 (03340)

이 책의 판권은 도서출판 두리미디어에 있습니다.
저작권법에 의해 보호를 받는 저작물이므로 무단전재와 무단복제를 금합니다.

• 두리미디어는 중심이 아닌 울타리를 지향합니다.